Achim Raak: Das Kochbuch der böhmischen Küche

Achim Raak

Das Kochbuch der böhmischen Küche

Preußler Verlag Nürnberg

Impressum:
ISBN: 3 – 925362 – 65 – 7

Umschlaggestaltung: Achim Raak
Umschlagbild: Toni Schönecker (1922)

Vorwort

Liebe Freunde der böhmischen Kochkunst!

In diesem Kochbuch ist eine kleine Auswahl an böhmischen Spezialitäten zusammengestellt.
Ich bin ein Egerländer der Bekenntnisgeneration mit Egerländer Abstammung. Dadurch habe ich vor allem bei meiner Großmutter schon oft Bekanntschaft mit typisch böhmischen Gerichten gemacht. Ich muß sagen, ich bin auf den Geschmack gekommen! Leider finden sich in herkömmlichen Kochbüchern viel zu wenige bzw. überhaupt keine Rezepte aus der böhmischen Küche. Deshalb reifte die Idee, Rezepte von Omas und Tanten zu sammeln, alte Kochbücher durchzulesen und altes Material neu zusammenzustellen.
Bei dieser Zusammenstellung hat mich meine Mitarbeiterin, Frau Buchner, kräftig unterstützt. Sie ist eine gebürtige Oberpfälzerin und der böhmischen Küche sehr verbunden.
In der Hoffnung, Ihnen mit diesem Kochbuch eine kleine Freude bereiten zu können, wünsche ich gutes Gelingen und Guten Appetit!

Achim Raak

Inhalts-übersicht

Vor den einzelnen Kapiteln befinden sich noch genauere Inhaltsverzeichnisse.
Bitte suchen Sie dort die gewünschte Spezialität.

I. Suppen

Suppeneinlagen:

Milchsuppe mit Weißbrot

Brot, Milch, Mehl, Salz, Zucker

Man setzt trockenes, in Stücke geschnittenes Brot mit kaltem Wasser auf und bringt es zum Kochen. Man gießt die Hälfte der Milch hinein und läßt sie aufkochen. Unterdessen rührt man mit dem anderen Teil der Milch etwas Mehl an und schüttet dieses in die kochende Suppe.
Man muß rühren, bis das Mehl aufgekocht ist, weil sowohl Mehl als auch Brot leicht anbrennen. Zuletzt kommt das nötige Salz und nach Belieben Zucker hinzu.

Gebrannte Mehlsuppe mit Milch

250 g Mehl, Vanille, Milch, Zucker, Salz

Man röstet 250 g Mehl braun und füllt es langsam mit Wasser auf. Dann fügt man etwas Vanille zu und läßt es kurze Zeit kochen. Nun gießt man die Milch ein und würzt mit Zucker und Salz. Zuletzt läßt man die Suppe nochmals aufkochen.

Sagosuppe mit Milch

Zucker, Zimt, Perlsago, Milch, Salz

Das Wasser wird mit Zucker und einem Stückchen Zimt gekocht, dann schüttet man langsam, unter beständigem Rühren, den Perlsago hinein und läßt ihn weich kochen. Zuletzt fügt man Milch und etwas Salz hinzu.

Süße Milchsuppe

Milch, Mehl, Zucker, Salz

In die kochende Milch quirlt man etwas Wasser mit Mehl verrührt, damit sie sämig wird. Danach salzen und zuckern.

Buttermilchsuppe mit Gerstel (Graupen)

Graupen, Buttermilch, Salz, Zucker, Birnen, Äpfel, Rosinen

Graupen abends einweichen. Man kocht die Graupen mit Wasser weich und sämig und schüttet darauf die Buttermilch mit etwas Salz und Zucker hinein.
Wohlschmeckend wird die Suppe, wenn man weichgekochte, getrocknete Birnen oder Äpfel daruntermischt; auch Rosinen passen hinein.

Schaummilchsuppe

1 l Flüssigkeit, 2 Tassen Milch, 1/2 Stange Vanille, 2 – 3 Tropfen Bittermandelöl, 2 EL Zucker, Salz, 2 Eier, Zwieback

Milch mit Wasser zu 1 l Flüssigkeit auffüllen. Mit Vanille, Mandelöl und Zucker langsam zum Kochen bringen. Eigelb schlagen, mit dem zu steifem Schnee geschlagenen Eiweiß vermischen und mit einem Schneebesen unter die heiße, aber nicht mehr kochende Suppe heben. Auf zerbröckeltem Zwieback anrichten.

Einfache Mehlsuppe

Fett, Salz, Weizen-, Hafermehl, Milch

Man läßt Wasser, Fett und Salz aufkochen, rührt etwas Weizen- oder Hafermehl mit Milch an und gießt dies bei längerem Umrühren unter das kochende Wasser.

Gebrannte Mehlsuppe

Fett, Mehl, Salz, Suppengrün

Man macht Fett in einem Topf heiß und rührt das Mehl darin gelb. Dann füllt man es mit kaltem Wasser unter ständigem Rühren auf, würzt mit Salz und Suppengrün und läßt die Suppe garkochen.

Mehlgraupensuppe (gehackter Brei)

1 Eigelb, Mehl, Milch, Salz, Zucker

Man nimmt das Eigelb von einem frischen Ei, rührt mit einem Messer so viel Mehl hinein, als das Ei aufnimmt und hackt es ganz klein. Unterdessen kocht man Milch mit wenig Wasser, schüttet das Gehackte (die Mehlgraupen) hinein und läßt sie unter ständigem Rühren einige Minuten kochen, dann fügt man Salz und Zucker hinzu.

Grießmehlsuppe mit Milch

Milch, Grießmehl, Zucker, Zimt

Man kocht Wasser und Milch. Dann streut man das Grießmehl unter beständigem Rühren hinein, weil es leicht klumpt. Man kann nach Belieben Zucker und Zimt zusetzen.

Grießmehlsuppe mit Rosinen

Rosinen, Grießmehl, Salz, Zucker, Zimt, Zitrone, Essig, Wein, 1 Eigelb

Rosinen werden gut gewaschen und zum Kochen gebracht; darauf streut man das Grießmehl hinein, fügt Zucker, etwas Zimt und ein Stückchen Zitrone hinzu und läßt es 30 Min. kochen. Essig nach Geschmack dazugeben.
Will man die Suppe besonders schmackhaft machen, gebraucht man statt des Essigs etwas Wein und gibt beim Anrichten einen Eigelb dazu.

Biersuppe

1 l Bier, 100 g Zucker, Zimt, 4 EL Rahm, 1 EL Mehl, 2 Eigelb, Salz

1 l Bier wird mit 100 g Zucker und etwas Zimt vermischt und aufgekocht. Dann quirlt man 4 EL Rahm, 1 EL Mehl und 2 Eigelb gut durch, gießt dies in die kochende Suppe. Sobald diese dicklicher wird, den Suppentopf vom Herd wegnehmen und noch eine Weile weiterrühren.

Weinsuppe

s. „Biersuppe", 1 l Weiß-, Rotwein

wird ebenso zubereitet wie die Biersuppe, nur wird statt Bier weißer oder roter Wein verwendet.

Buttersuppe

1 l Wasser, 1/2 EL Butter, 1 Ei, Brot/Semmel, Salz

In 1 l kochendes Wasser gießt man braune Butter, d. h. man läßt 1/2 EL Butter zergehen und aufkochen, bis sie braun aussieht. 1 Ei wird mit 2 – 3 EL Wasser aufgequirlt und in die von der Herdplatte genommene Suppe gegossen. Vor dem Essen Brot oder Semmeln in den Teller bröckeln, dann salzen.

Brotsuppe

Brot, Nelken, Zimt, gekochtes Obst, Milch, Mehl, Zucker, Salz, Zitronensaft

Brot einweichen und im Einweichwasser mit Nelken, Zimt und Zitronenschale weichkochen, durchschlagen. Sultaninen bzw. gekochtes Obst zugeben. Milch mit Mehl verquirlen, Suppe binden, aufkochen, abschmecken.

Haferflockenmehlsuppe

1/2 l Wasser, 1 l Magermilch, 5 EL Hafermehl, Zucker, Salz

Man kocht 1/2 l Wasser und 1 l Magermilch. Unterdessen rührt man 5 EL Hafermehl mit kaltem Wasser an und fügt sie der kochenden Milch zu und läßt 10 Min. kochen. Mit Zucker und Salz würzen.

Hafergrützsuppe

Hafergrütze, Magermilch, Zucker, Salz

Die Hafergrütze setzt man mit kaltem Wasser auf. Um ein Anbrennen zu vermeiden, bei niedriger Hitze kochen und kräftig umrühren. Die Suppe ungefähr eine Stunde kochen lassen, durchschlagen und wieder aufsetzen. Magermilch zufügen und mit

Zucker und Salz würzen. Zuletzt bei beständigem Rühren nochmals aufkochen lassen.

Echte Fischsuppe

3 l Wasser, Fischinnereien, Sellerie, Petersilie, Gelbe Rüben, Butter, Mehl, Semmel

Ist der Fisch ausgenommen, so wäscht man die Innereien gut ab und stellt sie mit 1 l Wasser zum Kochen auf. In einem anderen Topf kocht man mit 2 l Wasser Sellerie, Petersilie und gelbe Rüben, die man in kleine Würfel schneidet. Sobald sie weich sind, seiht man die Gemüsebrühe ab, kocht Buttereinbrenne darin auf und gibt das Gemüse wieder hinein. Die Innereien fein zerquirlen, dazugießen, salzen. Zuletzt gibt man würfelig geschnittene, in Butter geröstete Semmel dazu.

Falsche Fischsuppe

s. „Fischsuppe"

Diese wird in 3 l Wasser mit etwas mehr Gemüse wie die Fischsuppe gemacht, nur die Innereien bleiben weg.

Kümmelsuppe

3 l Wasser, Kümmel, Einbrenne, Salz, 1 Ei

Die nötige Menge Wasser wird auf die Platte gestellt und für 3 l Wasser ein EL Kümmel aufgekocht. Fetteinbrenne, Salz und ein Ei hineinquirlen.

Bohnensuppe

Bohnen, Gemüse, Kartoffeln, Pfeffer, Salz, Essig,

Bohnen werden abends eingeweicht und früh mit demselben Wasser gekocht. Etwa 2 Stunden vor dem Essen Gemüse und zerschnittene Kartoffeln hinzugeben. Mit 3/4 der Bohnen zusam-

Petersilie, Einbrenne

men durchdrücken, die Suppe licht einbrennen. Das restliche Viertel der Bohnen hineingeben, Pfeffer, Essig und Salz nach Belieben, und etwas Petersilie dazufügen.

Erbsensuppe

Erbsen, Pfeffer/Knoblauch, Zwiebeln, Salz, Einbrenne

Es empfiehlt sich, die Erbsen, 500 g für 3 l Suppe, am Tag vorher ins Wasser zu legen, damit sie aufquellen und beim Kochen bald weich sind. Dann passieren, die Suppe licht einbrennen und etwas Knoblauch oder Pfeffer, geröstete Zwiebel und Salz sowie kleine, in Fett geröstete Brotstückchen dazugeben.

Fischersuppe

Kartoffeln, Salz, Kümmel, Zwiebeln, Nudeln, Einbrenne

Einige Kartoffeln in Würfel schneiden und mit Wasser, Salz und Kümmel kochen, dann etwas geröstete Zwiebel, gute Buttereinbrenne und Nudeln beigeben.

Grünkernsuppe

Grünkerne, Muskatblüte, Salz, 1 Ei

Geschrotete Grünkerne werden in Wasser mit Muskatblüte gargekocht. Dann wird die Suppe durchgeschlagen, nochmals aufgekocht, gesalzen und mit einem Ei abgerührt.

Karfiolsuppe (Blumenkohlsuppe)

1 Blumenkohl, Salz, Einbrenne, Semmeln, Fett

Ein Karfiol wird gut abgeputzt, gewaschen und in Salzwasser weichgekocht. Das abgeseihte Wasser wird mit lichter Fett- oder Buttereinbrenne aufgekocht, der Karfiol in Stücke geschnitten, hineingelegt und kleine, in Fett geröstete Semmelwürfel dazugeben.

Kartoffelsuppe (3 Varianten)

Kartoffeln, Einbrenne, Zwiebeln, Majoran, Pfeffer

1. Geschälte Kartoffeln mit Salz und Kümmel kochen. Sobald die Kartoffeln weich sind, diese zerdrücken, Fetteinbrenne hinein und mit in Fett gerösteten Zwiebeln oder etwas Majoran oder Pfeffer abschmecken.

Kartoffeln, Gemüse, Fetteinbrenne, Petersilie

2. Geschälte Kartoffeln mit Gemüse, fein zerschnitten, weichkochen, Fetteinbrenne hinein, Petersilie.

Kartoffeln, Kümmel, Salz, Fetteinbrenne, süßer Rahm

3. Geschälte Kartoffeln mit Kümmel und Salz weichkochen, gut zerdrücken, Fetteinbrenne dazugeben, auf 3 l Suppe 1/4 l süßen Rahm einrühren.

Linsensuppe

s. „Bohnensuppe"

wird wie Bohnensuppe zubereitet.

Tomatensuppe (Paradeisäpfelsuppe)

1 EL Butter, 1 EL Zwiebeln, 40 g Mehl, 1 1/2 l Wasser, 2 Rindsuppenwürfel, 6 – 8 Tomaten, Salz, weißer Pfeffer, 3 – 4 EL Reis, Muskatnuß, Zucker

In 1 EL Butter läßt man 1 EL feingeschnittene Zwiebeln und 40 g Mehl anlaufen, rührt mit 1 1/2 l Wasser glatt, gibt 2 Rindsuppenwürfel, 6 – 8 in Scheiben geschnittene Tomaten, etwas Salz, eine Prise weißen Pfeffer hinein und läßt alles 1/2 Stunde kochen. Dann streicht man die Suppe durch einen Sieb, bringt sie wieder zum Kochen und läßt 3 – 4 EL Reis darin aufquellen. Vor dem Anrichten mit Salz abschmecken. Nach Belieben Muskatnuß oder Zucker hineingeben.

Hühnersuppe

1 Henne, 500 g Rindfleisch,

Eine Henne wird mit 500 g fettlosem Rindfleisch unter Beigabe von etwas Gemüse und Salz weichgekocht. Ist beides weich, wird die

Gemüse, Salz, Reis

Suppe abgeseiht, das Fett fast ganz abgeschöpft und Reis eingekocht. Das Fleisch wird entweder feingeschnitten in die Suppe gelegt oder anderweitig verwendet.

Hühner- und Gänsekleinsuppe

Hühner-, Gänseklein, Salz, Einbrenne, Gemüse, Grieß/Reis

Unter Hühner- und Gänseklein versteht man den Kopf und Kragen, den Magen, das Herz und die Leber, ferner die Füße des Geflügels, das gut ausgewaschen, in Salzwasser und Gemüse gekocht wird. Man kocht in die abgeseihte Suppe meist nur Grieß oder Reis und schneidet Magen, Herz und Leber in feine Stückchen, zerschneidet auch den Kragen in kleine Teile und wirft dann alles in die Suppe. Auch etwas Butter- oder Fetteinbrenne kann man dazugeben.

Kuttelflecksuppe

Kuttelfleck, 250 g Rindfleisch, Einbrenne, Pfeffer, Ingwer, Salz, Knoblauch

Die reingewaschenen Kuttelflecke, 500 g auf 3 l Wasser, 1/4 Stunde gekocht und das Wasser abgießen, frisches Wasser darauf und nun (mit 1/2 Pfd. Rindfleisch schmeckt sie feiner), kocht man sie bis zum Weichwerden, seiht die Suppe ab, verkocht sie mit Einbrenne und gibt etwas gestoßenen Pfeffer, geriebenen Ingwer, Salz und Knoblauch hinein und wirft zuletzt die in feine Streifen geschnittenen (Rindfleisch) Kutteln dazu. Salzen nach Bedarf.

Selchfleischsuppe

Selchfleisch, Einbrenne, Einlage nach Belieben

Das Wasser, in welchem das Selchfleisch gekocht wird, Selchsuppe genannt, gibt eine gute, kräftige Suppe. In die kochende Suppe gibt man etwas Fetteinbrenne oder kocht nur Grieß, Reis, Graupen, Tropfteig, Nudeln, Fleckeln oder Reibteig ein.

Suppeneinlagen:

Brühklößchen

8 EL Kondensmilch, 1 EL Butter, Salz, 65 g Mehl, 1 Ei, Muskatnuß, Petersilie

Kondensmilch, Butter und Salz aufkochen. Mehl auf einmal hinzugeben und rühren, bis sich die Masse vom Topf löst. Vom Feuer nehmen und abkühlen lassen. Ei, Muskatnuß und feingehackte Petersilie daruntermengen. Mit einem Teelöffel Klößchen abstechen und in kochender Brühe garziehen lassen.

Mehlklößchen

125 g Mehl, 8 EL Kondensmilch, 1 Ei, Salz

Zutaten zu einem geschmeidigen Teig zusammenrühren. Klößchen abstechen und in kochendem Salzwasser garziehen lassen.

Fleischklößchen

150 g Hackfleisch, 1 kl. Zwiebel, 2 bis 3 EL Kondensmilch, Salz, Pfeffer, Muskatnuß

Zutaten miteinander vermischen, kleine Klößchen formen und in der Brühe gar kochen.

Eierstich

2 Eier, 4 EL Kondensmilch, Salz, Muskatnuß

Zutaten verquirlen. In einem gefetteten Becher im Wasserbad 20 bis 25 Minuten fest werden lassen. Mit einer Nadel prüfen, ob die Masse gar ist. Stürzen, mit Buntmesser schneiden und in die Fleischbrühe geben.

Eier-Flädle

65 g Mehl, 1 bis 2 Eier, 8 EL Kondensmilch, Salz, 30 g Backfett

Mehl, Eier, Salz und Kondensmilch verrühren. Dünne Flädle backen und in Streifen schneiden. (Eiweiß nicht schlagen, da die Flädle sonst leicht brechen!)

Grießwürfel

8 EL Wasser, 8 EL Kondensmilch, Zitronenschale, 1/2 St. Vanille, Salz, 1 EL Zucker, 60 g Grieß

Flüssigkeit mit den Zutaten aufkochen, Grieß langsam hineinstreuen und zu einem steifem Brei kochen. Auf ein mit kaltem Wasser überspültes Emaille- oder Porzellanbrett streichen, erkalten lassen und in kleine Würfel schneiden.

Käseklößchen

Rez. s. Brühklößchen, statt Muskatnuß 2 EL ger. Käse

Herstellung wie Brühklößchen.

II. Soßen

Warme Soßen:

Kalte Soßen:

Süße Soßen:

Weiße Rahmtunke

40 g Butter, 80 g Mehl, 1/2 l Sahne/Milch, Salz, Essig

40 g Butter mit 80 g Mehl gut aufschäumen lassen und immer rühren, muß weiß bleiben. 1/2 Liter Sahne oder gute Milch am Feuer rasch glatt rühren, bis es sich vom Kochlöffel löst, man kann auch noch Suppe oder Sahne dazu geben, dann Salz und Essig.

Falsche Lungenbratentunke

Gemüse, Gewürz, Fett, Wasser, Salz, Essig, Mehl, Einbrenne, Buttermilch

Allerlei Gemüse und Gewürz in Fett etwas braun rösten, mit Wasser aufkochen, salzen, Essig, etwas gute Einbrenne und zuletzt, wenn alles durchgeseiht ist, mit guter Buttermilch und etwas Mehl eindicken.

Dillbrühe, braun

Suppe/Wasser, Essig, Salz, Einbrenne, Dill

Suppe oder Wasser mit Essig und Salz kochen lassen, mit Einbrenne verdicken und zuletzt feingeschnittenen, trockenen oder grünen Dill hineingeben.

Dillbrühe mit Rahm

Milch, Rahm, Mehl, Salz, Essig, Zucker, 1 Ei, Dill

In kochender Milch wird etwas Rahm, mit Mehl verquirlt, eingekocht und Salz, Essig, etwas Zucker, zuletzt ein Ei und feingeschnittener trockener oder grüner Dill hineingegeben. (Etwas Fleischsuppe).

Knoblauchbrühe

Selchfleischbrühe, Einbrenne, Knoblauch

Hat man Selchfleisch gekocht, so wird die Suppe zur Knoblauchbrühe verwendet. Diese wird mit Einbrenne verdickt und feingeriebener Knoblauch dazugegeben.

Senftunke

Einbrenne, Suppe, 1 TL Senf, Salz, Essig, Zucker

In gute Buttereinbrenne Suppe aufkochen, 1 Teelöffel Senf oder mehr, etwas Salz, Essig, Zucker.

Krenbrühe mit Einbrenne

Wasser/Suppe, Einbrenne, Salz, Kren nach Belieben

In kochendes Wasser (oder noch besser Suppe), rührt man Einbrenne ein, ist die Brühe dick genug, so wird sie gesalzen und vor dem Essen soviel geriebener Kren hineingetan, als nötig ist. (Meerrettich.)

Krenbrühe mit Rahm oder Milch

Milch, Fleischsuppe, süßen Rahm, Mehl, Salz, Zucker, Kren, Mandeln nach Belieben

In kochende Milch wird, wenn möglich, etwas gute Fleischsuppe gegossen. In einem kleinen Topf rührt man guten, süßen Rahm oder Milch mit etwas Mehl an, gießt dieses in die kochende Suppe und läßt sie aufkochen, gibt etwas Salz, Zucker und vor dem Essen Kren nach Bedarf dazu. Zu etwas fettem, saftigem Rindfleisch schmecken Essiggurken sehr gut. Sehr fein schmeckt die Brühe, wenn einige geschälte, feingehackte Mandeln gekocht und mit dem Wasser in die Brühe gegossen werden.

Zwiebelbrühe, einfach

Fett, Zwiebeln, Mehl, Wasser/Suppe, Salz

In einem Topf läßt man Fett mit ziemlich viel Zwiebel lichtgelb anlaufen, gibt Mehl dazu und läßt nun die Einbrenne braun werden. Dann wird Wasser oder Suppe zugegossen, soviel wie man Brühe braucht, und etwa 1/2 Stunde gekocht. Nun verdickt man die Brühe noch mit Einbrenne, salzt und seiht sie vor dem Gebrauch durch.

Zwiebelbrühe, süß-sauer

Fett, Zwiebeln, Essig, Zucker, 1 l Wasser/Suppe, Einbrenne, Salz

In einem Topf Fett, eine große Zwiebel, Essig, Zucker dünsten bis es bräunlich wird, dann 1 l Wasser zugießen (oder Fleischsuppe), aufkochen lassen, abseihen, mit Einbrenne verdicken, salzen. Nach Bedarf auch Zucker und Essig.

Gelbe Rübenbrühe (Möhren)

Gelbe Rüben, Einbrenne, Zucker, Salz, Petersilie

In kaltem Wasser in Streifen geschnittene gelbe Rüben weichkochen, mit Fetteinbrenne verdicken, Salz und etwas Zucker dazu. (Petersilienblätter.)

Dorschenbrühe (Weißrübe)

Weißrüben, Wasser/Suppe, Einbrenne, Essig, Salz, Pfeffer, Sauerrahm

Die Dorschen werden geschält, gewaschen und fein geschnitten, in Wasser (ein wenig Fleischsuppe dazu) weichgekocht, mit Fetteinbrenne wird eine dickliche Brühe gemacht. Etwas Essig, Salz und gestoßenen Pfeffer dazu. Auch Sauerrahm kann man dazurühren.

Kohlrübenbrühe

wird so gemacht wie die Dorschenbrühe.

Tomatenbrühe (Paradeisäpfel)

Tomaten/-mark, Zwiebel, Gewürze, Pfefferkörner, Zucker, Salz, Einbrenne

Einige frischgepflückte rote oder eingelegte Tomaten (letztere müssen in Wasser gewaschen werden) oder Mark mit etwas Zwiebeln, einigen Piment- und Pfefferkörnern im Wasser aufkochen, durchseihen, mit Einbrenne verdicken, Salz und Zucker nach Bedarf dazugeben.

Bohnen- und Linsen-Brühe

Bohnen/Linsen, Einbrenne, Salz, Essig, Pfeffer, Sauerrahm

Am Tage vorher werden getrocknete Bohnen oder Linsen eingeweicht, am andern Tag am Herd weichgekocht.Mit Fetteinbrenne etwas verdickt. Salz, Essig und Pfeffer dazu. Sauerrahm verfeinert den Geschmack.

Kartoffelbrühe

Kartoffeln, Salz, Kümmel, Einbrenne, Essig, Majoran, Pfeffer

Kartoffeln im Salzwasser mit Kümmel kochen, gut zerstampfen, dick mit Einbrenne verkochen, Essig darangeben und etwas Majoran und gestoßenen Pfeffer.

Sardellenbrühe

Fleischsuppe, Einbrenne, Sardellen, Butter, Salz

Fleischsuppe wird mit Fetteinbrenne verdickt, Sardellen (auf 1 Liter Brühe 2–3 geputzte Sardellen) werden fein zerdrückt und mit Butter vermengt, dann in die Brühe hineingegeben. Nicht aufkochen, nur verrühren, salzen nach Bedarf.

Brühe von frischen Schwämmen

Pilze, Salz, Essig, Pfeffer, Einbrenne, Sauerrahm nach Belieben

Frische Schwämme werden geputzt, gewaschen, fein geschnitten, mit kaltem Wasser zugestellt, weichgekocht. Salz, Essig, gestoßenen Pfeffer dazu, mit Fetteinbrenne verdicken und man kann auch etwas Sauerrahm einrühren.

Brühe von getrockneten Schwämmen

Pilze, Fleischsuppe, Einbrenne, Salz, Essig, Pfeffer,

Die Schwämme werden mit kaltem Wasser am Tage vorher eingeweicht und am nächsten Tag weichgekocht, abgeseiht und auf einem Brett fein gehackt. In die Brühe (etwas Fleischsuppe zugie-

Sauerrahm nach Belieben

ßen) wird Fetteinbrenne eingekocht, mit etwas Salz, Pfeffer und Essig abschmecken und dann die Schwämme hineingeben. Sauerrahm nach Belieben zugeben.

Leberbrühe

250 g Leber, 2 l Wasser, Einbrenne, Essig, Salz, Pfeffer

250 g Schweins-, Rinds- oder Kalbsleber auf 2 Liter Brühe wird ohne Salz in Wasser gekocht, die Suppe abgeseiht, mit Einbrenne verdickt, Essig, Salz und gestoßener Pfeffer dazugetan. Die Leber wird gerieben oder feingeschnitten, hineingeschüttet und einen Moment aufkochen lassen.

Kuttelfleckbrühe

Kuttelflecke, Zwiebel, Fett, Wasser/Suppe, Einbrenne, Essig, Salz, Pfeffer, Zitronenschale, Ingwer

Kuttelflecke werden fein geputzt, gewaschen und in Streifen geschnitten. In einer Kasserolle Zwiebeln in Fett anbräunen lassen, die Kuttelstreifen hinein und eine Weile darin dünsten, Wasser zugießen (auch etwas Fleischsuppe oder Knochensuppe). Sobald sie weich sind, Essig, Pfeffer, Salz, Zitronenschale, etwas Ingwer und Fetteinbrenne dazu.

Wild-Tunke

Zwiebel, Petersilienwurzel, Sellerie, gelbe Rüben, Pfeffer, Ingwer, Lorbeerblatt, Mehl, Fleischsuppe vom Wild, 3 EL Rotwein, Zucker

Alles Wurzelwerk und Gewürz in Fett braun dünsten (Zwiebel, Petersilienwurzel, Sellerie, gelbe Rüben, ganzen Pfeffer, Piment, Ingwer, Lorbeerblatt), Mehl dazu und bräunen. Dann erst nach und nach die Fleischsuppe des Wildes dazu und aufkochen lassen, 3 Löffel Rotwein dazugießen, die Tunke einkochen lassen und etwas gebrannten Zucker dazugeben und durchseihen.
Erst die Wildsuppe gibt den feinen eigenartigen Geschmack.

Kalte Soßen:

Eiersoße

2 harte Eigelb, Salz, Essig, Pfeffer, 1 EL Öl, Eiweiß, Schnittlauch

Zwei hartgekochte Eigelb durch das Sieb treiben, mit Salz, Essig, weißen Pfeffer abtreiben und tropfenweise 1 Eßlöffel Öl daran. Das feingehackte Eiweiß und Schnittlauch dazu. (Falls zu scharf, etwas Wasser und Zucker dazugeben.)

Krentunke

Essig, Wasser, Salz, Zucker, Semmelbrösel, Kren

Für gekochtes Rindfleisch verwendet man auch Essig, mit Wasser vermischt, mit etwas Salz, Zucker und feingesiebten Semmelbröseln und feingeriebenem Kren.

Eierkren (Meerrettich)

1/2 l Wasser, 2 Eigelb, Zucker, Essig, 1 EL Kren

1/2 Liter Wasser mit Essig, 2 Eigelb, etwas Zucker unter beständigem Rühren auf der Herdplatte dicklich werden lassen, dann wegstellen und weiterrühren, bis es kalt ist. 1 Eßlöffel voll geriebenen Kren (Meerrettich) dazu, abschmecken.

Apfelkren

3 gr. Äpfel, 1 EL Kren, 2 – 3 EL Essig, Zucker, Salz

Drei große Kochäpfel schälen, im Wasser weichkochen, durchseihen. 1 Eßlöffel geriebenen Kren (Meerrettich) mit 2 bis 3 Eßlöffel Essig in den Apfelbrei, zuletzt Zucker und etwas Salz.

Senf-Chaudeau

2 ganze Eier, 2 Eigelb, 1/4 l Wasser, 4 TL Senf, Weinessig, Salz, Zucker

Zwei ganze Eier, zwei Eigelb, eine Tasse (1/4 l) Wasser, 4 Teelöffel Senf, Weinessig, etwas Salz und Zucker, abschmecken. Am Herd so lange rühren, bis die Masse aufsteigt, dann wegstellen und kalt rühren. Schmeckt gut zu kaltem Braten oder Fisch.

Mayonnaise, roh

2 Eigelb, 5 EL Öl, Salz, Zitronensaft

Zwei Eigelb glatt rühren und tropfenweise 5 Eßlöffel Öl darunter, etwas Salz und Zitronensaft.

Zitronensoße

1 Zwiebel, 1 kl. Salzgurke, 1 hartes Ei, 2 Pfeffergurken, 1/2 EL Kapern, Pfefferminz-, Estragonkraut, 5 EL Öl, 3 EL Zitronensaft

Eine Zwiebel, eine kleine Salzgurke, ein hartgekochtes Ei, zwei Pfeffergurken, 1/2 Löffel Kapern, etwas Pfefferminz- und Estragonkraut feingewiegt mit 5 Löffel Öl, 3 Löffel Zitronensaft verrühren. (Mit Wasser, wenn nötig, verdünnen.)

Feine Salatsoße

1 Eigelb, 2 – 3 EL Öl, Zitronensaft, Salz, 1 hartes Ei, 1 Zwiebel, 3 Pfeffergurken, Petersilie, Estragon, Kerbel

Ein Eigelb mit 2 – 3 Eßlöffel Öl (tropfenweise hinzufügen), glatt rühren, Zitronensaft, Salz, 1 gekochtes Ei fein hacken, 1 Zwiebel, 3 Pfeffergurken, etwas Petersilienblatt (Estragon und Kerbelkraut), feingehackt nach und nach dazu und noch Öl und Zitronensaft nach Bedarf.

Süße Soßen:

Himbeersoße (Ribisel, Erdbeeren)

Himbeeren, Milch, Mehl, Zucker, Vanille

Himbeeren in Wasser kochen, mit guter Milch und Mehl verdikken, Zucker und Vanille nach Geschmack.

Brombeersoße

s. „Himbeersoße"

Brombeeren werden ebenso zubereitet wie oben angeführt, müssen aber reif sein, da sonst viel Zucker benötigt wird.

Heidelbeer-, Schwarzbeersoße

Schwarzbeeren, Milch, Mehl, Zucker, Zimt, Nelken

Schwarzbeeren kocht man in Wasser auf, rührt dann Milch mit Mehl verquirlt dazu, Zucker, Zimt, Nelken und reicht sie zu Nudeln oder Dalken.

Zwetschgensoße (frische)

Zwetschgen, Milch, Mehl, Zucker, Zimt, Zitronenschale

Frische Zwetschgen in Wasser kochen, mit Milch und Mehl eindikken, Zucker, Zimt und Zitronenschale dazu.

Pflaumensoße (gedörrte Pflaumen)

Pflaumen, Milch/Sahne, Mehl, Zucker, Zimt, Zitrone

Die Pflaumen werden in Wasser weich gekocht, entkernt, durch die Fleischmaschine gedreht oder im Wasser gequirlt, mit Milch (Sahne) und Mehl eingedickt, Zucker, Zimt und Zitrone nach Belieben.

Dreimussoße

versch. Obst, Milch, Mehl, Zucker, Zimt, Vanille

Obstmischungen, wie Äpfel, Himbeeren, Tomaten (Paradeisäpfel) oder Birnen, Brombeeren, Tomaten, Zwetschgen, Äpfel, Tomaten und andere Obstsorten können in Wasser gekocht, durch die Fleischmaschine gedreht und dann mit Milch und Mehl verdickt werden. Zucker, Zimt und Vanille dazumischen.

Fruchtsoße

1/4 l roter Fruchtsaft/ 2 – 3 EL Marmelade, 1/4 l Wasser, 1 TL Kartoffelmehl, Vanille

1/4 Liter roter Fruchtsaft oder 2 – 3 Eßlöffel Marmelade mit 1/4 Liter Wasser zum Kochen bringen. Ein Teelöffel Kartoffelmehl mit etwas Wasser anrühren und in die Mischung gießen. Je nach Süßigkeit mit Vanille abschmecken. Zu Nudeln, Grieß- und Reisbrei sehr gut.

Vanillesoße

1/2 gr. Ds.Kondensm., 1/4 l Wasser, 1/2 St. Vanille, 2 EL Zucker, Salz, 1 TL Stärkemehl, 1 – 2 Eigelb

Kondensmilch und Wasser mit den Zutaten aufkochen, binden und legieren.

Schokoladensoße

100 g Schokolade oder 50 g Kakao, 1/2 gr. Ds. Kondensmilch, 1/4 l Wasser, 1/2 St. Vanille, 2 EL Zucker, 1 Tl Stärkemehl, 1 – 2 Eigelb

Zerkleinerte Schokolade oder angerührten Kakao in Kondensmilch und Wasser mit den Zutaten aufkochen, binden und legieren.

Karamelsoße

4 EL Zucker, 1/4 l Wasser, 1/2 gr. Ds. Kondensm., 1 TL Stärkemehl, 1 – 2 Eigelb

Zwei Eßlöffel Zucker bräunen und mit Wasser ablöschen. Kondensmilch und zwei Eßlöffel Zucker dazugeben, kochen, binden und legieren.

Mandelsoße

100 g süße Mandeln, 4 bittere Mandeln, 1/2 gr. Ds. Kondensmilch, 1/4 l Wasser, 2 EL Zucker, Salz, 1 TL Stärkemehl, 1 – 2 Eigelb, 1 EL Rum

Mandeln brühen, abziehen und mahlen. Mit Kondensmilch, Wasser und den anderen Zutaten aufkochen, binden und legieren. Zum Schluß Rum dazugießen.

III. Fleischgerichte

Geflügel:

Lamm und Hammel:

Schlachtfleisch (Rind, Schwein, Kalb):

Geflügel:

Gebratenes Huhn

Huhn, Salz, Fett, Butter, Zwiebel, Speck

Das Huhn wird gewaschen, die Füße an den Steiß mit Faden und Holzpfeil festgebunden. Inwendig wird es gesalzen. Nun gibt man Fett, Butter und Zwiebel in eine Pfanne, das Huhn hinein und läßt es eine Weile auf beiden Seiten braten, gießt Wasser zu und läßt es weich dünsten unter öfterem Umdrehen, schiebt es dann in die heiße Röhre und brät es erst auf dem Rücken und dann auf der Bauchseite braun.
Wenn man das Huhn auf der Brust und den Schenkeln mit Speck bespickt, schmeckt es viel feiner.

Paprikahuhn

Huhn, Zwiebel, Fett, Wasser, Salz, Paprika, Mehl

Das Huhn wird in 8 – 10 Teile geteilt. In einer Kasserolle läßt man Zwiebel in Fett licht anlaufen, gibt das Fleisch hinein und dünstet es eine Weile, dann gibt man Wasser, Salz und Paprika dazu und läßt es weich dünsten, streut Mehl ein zum Verdicken der Brühe und salzt nach Geschmack.

Backhuhn

Hähnchen, Panade (Ei, Mehl, Semmelbrösel)

Im Frühjahr schlachtet man 8 Wochen alte Hähnchen, die man in 4 Teile teilt und wie Wiener Schnitzel behandelt und bäckt. Dazu frische Erbsen, Kartoffeln, Kompott oder Selleriesalat.

Truthahn

Truthahn,
140 g Butter,

1. Fülle:
100 g Butter,
2 Semmeln, 2 Eier,
2 EL Brösel;
2. Fülle:
15 – 20 Kastanien,
Milch

Der geputzte, gut gewaschene Truthahn wird mit 140 g Butter 3 bis 4 Stunden im Rohr bei Wasserzusatz gebraten. Den Kropf füllt man:
1. mit Semmelfülle: 100 g Butter abtreiben, zwei geweichte, ausgedrückte Semmel, zwei ganze Eier, zwei Eßlöffel voll Brösel vermengen.
2.: Man gibt 15 – 20 Stück Kastanien eingeschnitten ins heiße Rohr und läßt sie braten, nimmt sie aus der Schale und läßt sie in Milch weich kochen, füllt sie in den Kropf und trägt sie mit dem Braten auf.

Gekochtes Geflügelklein mit Reis

4 Tauben oder
1/2 Suppenhuhn,
Geflügelklein,
Salz, Suppengemüse,
3 l Wasser, Reis,
Einbrenne, Essig/Zitronensaft, Zitronenschale,
Petersilie

4 Tauben oder 1/2 Suppenhuhn, das Klein eines Truthahn, einer Gans oder zweier Enten, mit etwas Salz und Suppengemüse in drei Liter Wasser weich dünsten. Die Brühe wird abgeseiht und zwei Tassen Reis (1/2 Liter) in zwei Liter Suppe weich gedünstet. In die übrige Brühe wird gute Buttereinbrenne eingekocht, etwas Essig, besser Zitronensaft (und etwas Zitronenschale) zugesetzt. Der fertige Reis wird als Kranz auf eine tiefe Schüssel gelegt, in die Mitte das Klein gegeben und darüber die Brühe. Auf den Reis streut man gehackte Petersilie

Gebratene Gans oder Ente

Ente/Gans,
Salz, Kümmel,
Wasser

Die Ente oder Gans wird ausgewaschen, inwendig gesalzen, Kümmel eingestreut (als Beigeschmack dient auch Beifuß), dann zugenäht, damit der Braten nicht austrocknet. Nun gibt man die Ente oder Gans in eine Pfanne, gießt Wasser zu und läßt sie weich dünsten, man wendet öfter, damit der Braten sich nicht anlegt.

Dann schiebt man sie in die heiße Röhre, läßt erst den Rücken bräunen und dann den Bauch. Fleißiges Gießen des Bratens ist Hauptsache...
Der Gansbraten muß goldgelb und knusperig sein. Dazu dann Sauerkraut und Knödel.

Gespickte Gans

Gans, Speck, 2 Zwiebeln, Fett, Butter, Salz, Pfeffer, 1/4 l Sauerrahm, Mehl

Eine sehr fett gefütterte Gans (15 – 25 Pfund) wird ganz abgezogen, von allem Fett befreit, dann mit Speck gespickt, auf zwei geschnittenen Zwiebeln und Fett, mit Pfeffer und Salz anbraten. Etwas Butter anbräunen und darüber gießen, dann mit Wasser weich dünsten. Zuletzt 1/4 Liter guten sauren Rahm mit Mehl verrühren und die Brühe damit verdicken.

Eingemachte Ente oder Gans

Gans/Ente, Gemüse, Gewürz, Salz, Einbrenne, Majoran, Zitronensaft/-schale

Bei der Gans oder Ente werden die Füße und der Hals mit dem Kopf abgeschnitten, das Herz, die Leber und der Magen dazu in einen Topf gegeben mit Gemüse und etwas Gewürz, gesalzen und in Wasser weichgekocht. In die abgeseihte Brühe rührt man eine lichte Fetteinbrenne ein und gibt etwas Majoran dazu. (Der Zitronensaft und feingeriebene Zitronenschale gibt guten Geschmack..)

Tauben gefüllt und gebraten

3 Tauben, 1/4 l Rahm, 1 Ei, Muskatblüte, Salz, 3 Kipfel, Butter/Fett, Zwiebel, gelbe Rüben, Kartoffelmehl

Bei der Taube, die nach dem Schlachten, noch warm, gerupft werden soll, werden die Füße abgeschnitten, der Kopf ebenfalls, der Kragen abgedreht, aber so, daß die Kropfhaut nicht zerrissen wird. Diese wird noch weit über die Brust abgelöst, und, nachdem die Taube gewaschen ist, mit folgender Fülle gefüllt: (für 3 Tauben) 1/4 Liter Rahm mit einem Ei verrühren, bißchen Muskatblüte, Salz und drei in Würfel geschnittene Kipfel darin aufquellen lassen. Die Füllmasse wird schon eine Stunde vor Gebrauch zubereitet. Nun füllt man den Bauch und Kragen voll und näht zu, gibt die Tauben in eine Pfanne, in die man Fett oder Butter und Zwiebel und ein Stück gelbe Rüben gegeben hat, brät sie eine Weile und gießt dann Wasser zu. Wenn sie nach 1 bis 1 1/2 Stunden weich sind, gibt man sie zuerst mit dem Rücken nach oben zum Bräunen in die Röhre und dann mit dem Bauch nach oben. Die Brühe wird mit etwas Kartoffelmehl, in Wasser verrührt, verdickt.

Tauben in schwarzer Brühe

3 Tauben, Fett, Zwiebeln, gelbe Rübe, Sellerie, Petersilie, Pfefferkörner, Piment, 1 Lorbeerblatt, Zucker, Salz, Essig, Einbrenne, Holunderpowidl/ Zichorie

In eine Kasserolle werden Fett, etwas Zwiebel, gelbe Rübe, Sellerie und Petersilie und einige Pfeffer- und Pimentkörner und ein Lorbeerblatt gegeben. Man läßt dieses mit ein bißchen Zucker etwas rösten, bis es dunkel ist, gibt dann die drei Tauben hinein, gießt Wasser zu, gibt Salz und Essig dran und läßt die Tauben 1 bis 1 1/2 Stunden dünsten. Mit Fetteinbrenne rührt man die abgeseihte Brühe ein und gibt etwas Holunderpowidel (oder ein bißchen Zichorie) dazu, damit die Brühe dunkel wird.

Wildente

Wildente, Beize, Speck, Salz, Pfeffer, Fett, Butter, Rahm

Wildente wird einige Tage in Wildbeize gelegt, dann gespickt, mit Salz und Pfeffer eingerieben, und in Fett überdünstet. Dann im Rohr gebraten, dabei mit Butter, Rahm und Beize gegossen.

Rebhuhn

Rebhuhn,
Speck, Fett, Butter,
Zwiebeln, Salz, Mehl,
Semmelbrösel

Das Rebhuhn wird gut gewaschen, der Kopf mit dem Kragen um einen Flügel gelegt und angespeilt, auch die Füße werden hochgezogen und durchgespeilt. Nun spickt man die Brust und die Schenkel mit Speck. In einer Pfanne läßt man Fett, Butter und Zwiebel anlaufen, legt die Rebhühner hinein, salzt und dünstet sie einige Minuten, wendet sie um und gießt dann bald Wasser zu. Unter häufigem Wenden und Zugießen von Wasser dünstet man die Rebhühner weich. Dann schiebt man die Pfanne in die heiße Röhre und läßt den Rücken goldgelb färben, wendet die Hühner mit dem Bauche nach oben, streut Semmelbrösel darauf und brät sie unter fleißigem Zugießen gut braun. Die Brühe wird mit Wasser und Mehl verdickt und abgeseiht.

Lamm und Hammel:

Lammbraten (Schäfchen)

Lammrücken, Salz, 100 g Butter

Der Lammrücken wird zwei Stunden in schwachem Salzwasser liegen gelassen, dann herausgenommen und abgetrocknet, in einer Pfanne mit 100 g Butter im Rohr gebraten, einmal umdrehen, etwas Salz und Wasser zugeben und so zwei Stunden braten, bis er schön kunsprig ist.

Zickelbraten

s. „Lammbraten"

Dieser wird ebenso zubereitet wie vorher der Lammbraten, nur brät man Zickel nur eine Stunde.

Schöpsenhaschee (Lamm)

Lammreste, Fett, Zwiebel, 1 – 2 EL Tomatenmark, Salz

Gekochte oder gebratene Fleischreste werden durch die Fleischmaschine gedreht oder fein gewiegt. Auf 200 g nimmt man ein Stück Fett und eine Zwiebel, röstet sie licht und vermengt mit ein bis zwei Eßlöffel Tomatenmark, salzt und mischt das Gemenge unter heiße gefettete Nudeln, Makkaroni oder gekochten Reis. Mit Reibkäse bestreut oder mit Salat schmeckt es sehr gut.

Hammelfleisch (Schöpsenfleisch)

Schlegelfleisch, Salz, Knoblauch, 1 Zwiebel, Fett, Butter, Pfeffer, Piment

Das mürbe, abgelegene Schlegelfleisch wird geklopft, gesalzen, mit kleinen Stückchen Knoblauch besteckt (mit spitzigem Messer Löcher gemacht). In eine Pfanne eine große Zwiebel in Scheiben geschnitten und mit Butter und Fett aufschäumen lassen, etwas Pfeffer und Piment dazugeben und das Fleisch darauflegen, Wasser zugießen, daß es bis zur Hälfte des Fleisches reicht und zugedeckt

3 bis 4 Stunden weichdünsten lassen. Öfters wenden und Wasser zugießen. Im Rohr etwas braun färben. Dann wird die Brühe abgegossen, das Fett abgeschöpft und mit dem Fleisch auf warmen Tellern aufgetragen. Das Fett wird heiß dazu gereicht.
Dazu schmecken Preißelbeeren oder Kompott.

Schlachtfleisch (Rind, Schwein, Kalb):

Das Rindfleisch gekocht

Rindfleisch, Zwiebel, Sellerie, gelbe Rübe, Petersilie, 3 Pfeffer- und Pimentkörner, 1 Lorbeerblatt, Ingwer, Suppe

1000 g Rindfleisch reicht für 6 – 8 Personen. Das gewaschene Fleisch wird mit kaltem Wasser zum Feuer gestellt und gesalzen. Nach einer Stunde gibt man von allen vier Grünzeugarten dazu, und zwar Zwiebel, Sellerie, Petersilie, gelbe Rüben, von jedem etwa ein eigroßes Stück, dann drei Pfeffer- und Pimentkörner, ein Lorbeerblatt und ein kleines Stückchen Ingwer. Ist das Fleisch weich gekocht, so seiht man die Suppe ab und kocht nun ein, was man will. Ist die Suppe zu fett, so soll sie etwas abgeschöpft werden. Das Fleisch wird in Teile geschnitten und in eine Kasserolle gelegt, ein wenig Suppe dazugegossen und zugedeckt am warmen Ofenrand aufbewahrt bis zum Gebrauch, dann ist es saftig und gut.

Sauerfleisch

Rindfleisch, Essig, Zwiebel, Sellerie, gelbe Rübe, Petersilie, Pfeffer- und Pimentkörner, Lorbeer, Ingwer, Zucker, Salz, Einbrenne, Lebkuchen/ Mehl, Sauerrahm

Rohes Fleisch wird in einem irdenen Topf mit kochendem Essig übergossen und 2 bis 3 Tage in kühlem Raum stehen gelassen. Nun gießt man den Essig weg, legt das Fleisch in eine Kasserolle, in welcher etwas von allen vier Gewürz- und Gemüsearten in Fett geröstet wurde, und gibt dann noch etwas Zucker, Salz und Essig dazu. Einige Zeit das Fleisch dünsten, Wasser zugießen und bis zum Weichwerden öfters nachgießen. Die abgeseihte Brühe kann nun mit dunkler Einbrenne verdickt werden, man reibt ein Stück Lebkuchen, weicht ihn in kaltem Wasser auf und gibt ihn zum Aufkochen in die Brühe. Ferner kann Sauerfleisch auch mit Sauerrahm und darin aufgequirltem Mehl fertig gemacht werden. Weil es so recht ausgiebig ist, gibt man statt Lebkuchen lieber Einbrenne.

Rostbraten

Rindfleisch, Zwiebel, Fett, Salz, Pfeffer, Mehl

schneidet der Fleischer gleich in schmale Scheiben. In einer Kasserolle wird Zwiebel in Fett lichtgelb geröstet, das geklopfte, mit etwas Salz, Pfeffer und Mehl bestreute Fleisch dazugegeben, einmal gewendet und nach einiger Zeit Wasser zugegossen. Das Fleisch wird nun zugedeckt weich gedünstet, Mehl zum Eindicken eingekocht oder etwas Mehl, mit kaltem Wasser angerührt, dazugetan.

Rindszunge mit schwarzer Brühe

Rindszunge, Zwiebel, Sellerie, gelbe Rüben, Petersilie, Pfeffer- und Pimentkörner, 2 Lorbeerblätter, Ingwer, 1 EL Zucker, Weinessig, 3 Nelken, Zitronenschale, (10 Mandeln), Rosinen, 1 EL Marmelade (Himbeer-, Ribismarmelade)/ Sirup, Einbrenne, Holundermarmelade/ Zichorie, Zucker, Salz

In Salzwasser läßt man die Zunge weich kochen. Zu gleicher Zeit wird in eine Kasserolle Fett mit Gemüse (Zwiebel, gelbe Rüben, Sellerie, Petersilie) gegeben, ferner acht Pfeffer- und Pimentkörner, zwei Lorbeerblätter und ein Stückchen Ingwer, ein Eßlöffel Zucker und etwas Weinessig, und man läßt das alles braun rösten, gießt Wasser zu und läßt es kochen, bis das Gemüse weich ist. Drei Nelken, ein Stückchen Zitronenschale mitkochen. In 1/4 Liter Wasser kocht man (10 geschälte Mandeln und) eine kleine handvoll Rosinen eine halbe Stunde lang. Ist das Gemüse weich gekocht, so wird die Brühe abgeseiht, es braucht nicht mehr als 1 Liter sein, und die Zungensuppe (auch 1 Liter) dazugegossen. Nun gießt man noch die Brühe mit den Mandeln und Rosinen hinein, gibt ein Eßlöffel Ribis- oder Himbeermarmelade dazu (oder Sirup), verdickt nun die Brühe mit Fetteinbrenne und färbt sie mit Holunderpowidel (oder etwas Zichorie) dunkel. Salz, Essig, Zucker nach Geschmack dazu geben. Die Zunge wird nach dem Herausnehmen geschält, solange sie warm ist, und sobald sie erkaltet ist, in Scheiben geschnitten und in die fertige Brühe zum Aufwärmen gelegt.

Sardellenzunge

Rindszunge, Semmelbrösel, Sardellenbutter, Zitronensaft, 1 l Zungensuppe

Eine rohe Rindszunge wird 2 – 3 Stunden gekocht, bis sie weich ist, herausgenommen, abgezogen und fein geschnitten, und in folgender Sauce aufgekocht: Geröstete Semmelbrösel und Sardellenbutter mit etwas Zitronensaft in einem Liter Zungensuppe aufkochen lassen.

Zigeunerbraten

Rindfleisch, Zwiebeln, Butter, Salz, gehackter Schinken/ mageres Selchfleisch, Mehl

Die Zwiebeln werden fein gehackt und in frischer Butter gelb anlaufen lassen. Ein Stück gutes Rindfleisch klopft man (es muß ein hohes Stück sein, damit man dann schöne Scheiben schneiden kann). Eingesalzen wird es mäßig, nun werden mit dem Messer kleine Löcher in das Fleisch gemacht und jedes Loch mit gehacktem Schinken oder magerem Selchfleisch gefüllt, und dann wird das Fleisch auf die angelaufenen Zwiebeln gegeben, zugedeckt und unter fortwährendem Zugießen weich gedünstet. Den Saft kann man ein wenig stauben. Dann schneidet man das Fleisch in Scheiben, serviert Kartoffelknödel, Kartoffelnudel oder gedünsteten Reis dazu. Hat man wenig Fleisch, so kann man gleich Teile wie Schnitzel machen.

Lungenbraten (Filet)

Rindfleisch, Speck, Essig, Sellerie, Petersilie, Zwiebel, gelbe Rübe, 5 Pfeffer-, Pimentkörner, 1 Lorbeerblatt, Ingwer,

Ein ganzer Lungenbraten mit Knochen reicht für 8 – 10 Personen. Die Knochen werden zur Gemüsesuppe gegeben. Das Fleisch wird tags vorher von den Häuten befreit, das Fett bleibt daran. Nun schneidet man lange Speckstreifen und spickt damit das Fleisch, legt es in eine irdene Schüssel und gießt Essig darüber, in welchem man von den vier Gemüsearten und fünf Körner Pfeffer und Piment, ein Lorbeerblatt, ein Stückchen Ingwer gekocht hat, den

Fett/Butter, Salz, Semmelbrösel, Mehl, Sauerrahm/Buttermilch

Essig aber zuerst abkühlen lassen. Nicht salzen, sonst wird das Fleisch rot. Am andern Tag gibt man ziemlich viel Fett oder Butter in eine Pfanne und das Gemüse und Gewürz mit dem Fleisch (den Essig wegstellen) salzt und läßt das Fleisch nun auf beiden Seiten etwas dünsten. Dann wird etwas Wasser zugegossen und das Fleisch weich gedünstet unter öfterem Zugießen. Nun wird die Brühe abgeseiht und wieder in die Pfanne geschüttet, das Fleisch damit begossen und in heißer Röhre braun gefärbt. Streut man Semmelbrösel darüber, so wird das Fleisch nicht krustig. Etwas Mehl in kaltem Wasser quirlen und einrühren, damit die Brühe dicklich wird.
Will man mehr Brühe bereiten, so rührt man statt Wasser sauren Rahm (Schmetten) oder Buttermilch ein und begießt mit diesem das Fleisch, dann gibt man aber keine Semmelbrösel darauf. Den beiseite gestellten Essig und Salz nach Geschmack dazugeben.

Lungenbratvögel (Rouladen)

Rindfleisch, Salz, Pfeffer, Mehl, Reis, Zwiebel, Gurken, Milch, Semmelbrösel, Sardellenbutter, Speck, Fett, Buttermilch, Sauerrahm, Essig

Der abgehäutete Lungenbraten wird in fingerdicke Scheiben geschnitten, diese werden geklopft und mit etwas Salz, Mehl, Pfeffer, ungekochtem Reis bestreut. Nun macht man aus den kleinen Fleischabfällen mit etwas feingehackter Zwiebel, Salz, Pfeffer, klein geschnittenen Gurken, etwas in Milch geweichten Semmelbrösel (auch Sardellenbutter, wie im nächsten Rezept beschrieben), etwas geröstetem Speck einen Teig, den man auf die Schnitzel streicht, rollt diese zusammen, bindet sie mit einem Faden fest und spickt sie womöglich mit Speck. Nun läßt man in einer Pfanne ziemlich viel Fett mit kleingeschnittener Zwiebel etwas licht anlaufen, legt die Vögel hinein und wendet sie nach einiger Zeit um. Dann wird Wasser zugegossen. Nach 1 1/2 Stunden sind sie weich und werden in die Röhre geschoben, aber so, daß die gespickte Seite nach oben zu liegen kommt, und mit Bröseln bestreut. Unter

öfterem Begießen lichtbraun braten, Mehl, in Wasser verquirlt, einrühren.
Man kann auch sauren Rahm oder Buttermilch über die Vögel gießen, dann streut man aber keine Brösel darauf, sondern gießt etwas Essig mit zur Brühe und salzt die fertig abgeseihte Brühe nach Bedarf. Die Vögel legt man, sobald sie gebräunt sind, in eine Schüssel, deckt sie zu und stellt sie über einen Topf mit kochendem Wasser, damit sie warm bleiben und nicht anbrennen und austrocknen.

Lungenbraten zu Schnitzeln (Sardellen)

Rindfleisch, Pfeffer, Salz, Mehl, Fett, Zwiebeln, Wasser, Sardellenbutter: Sardellen, Butter

Der abgehäutete Lungenbraten wird in fingerdicke Scheiben geschnitten, und diese werden geklopft, mit gestoßenem Pfeffer und Salz und Mehl bestreut und in eine Kasserolle gelegt, in welcher man viel Fett und feingeschnittene Zwiebel anlaufen läßt. Man dreht die Schnitzel um und dünstet sie noch eine Weile, dann wird Wasser zugegossen und das Fleisch weich gedünstet, mit Mehl eingestaubt zum Verkochen und nachgesalzen. So bereitet, nennt man es Naturschnitzel, man kann auch Sardellenschnitzel daraus machen, indem man zu dem weichgedünsteten Fleisch Sardellenbutter dazugibt. Zu dieser verwendet man 2 – 3 geputzte Sardellen, die man mit einem großen Stück Butter fein zerdrückt.

Gebratenes Schweinefleisch

Schweinefleisch, Salz, Kümmel

Das Fleisch wird mit Wasser, Salz und Kümmel in einer Kasserolle oder einer Pfanne zum Feuer gestellt und weichgedünstet, dann in die heiße Röhre gestellt und unter öfterem Zugießen gebräunt. Hat das Schweinefleisch eine Haut, so muß diese, wenn sie weich gedünstet ist, zerschnitten werden, und zwar so, daß kleine Vierecke entstehen, bevor das Fleisch knusprig wird.

Naturschnitzel

Schweinefleisch, Salz, Mehl, Zwiebeln, Fett

Dasselbe Schnitzelfleisch wie vorher wird geklopft und mit Salz und etwas Mehl bestreut. In einer runden Kasserolle läßt man Zwiebel in Fett licht anlaufen, legt die Schnitzel hinein und dünstet sie zuerst eine Weile auf beiden Seiten, gießt Wasser zu und dünstet nun das Fleisch, bis es weich ist, streut Mehl ein, damit die Brühe dicker wird.

Paprikaschnitzel

Schweinefleisch, Salz, Mehl, Zwiebeln, Fett, süßer Paprika, Sauerrahm

Diese werden ebenso zubereitet wie Naturschnitzel, nur gibt man gleich noch süßen Paprika zum Aufkochen dazu. Man kann auch Sauerrahm daran geben, um mehr Brühe zu erhalten.

Schweinsschnitzel nach Wiener Art

Schweinefleisch, Salz, Mehl, 1 EL Milch, 1 Ei, Semmelbrösel, Fett

Dazu Fleisch vom Schlegel oder die Rippenstücke, die man Koteletten nennt. Die werden aber nur von jüngeren Schweinen genommen. Das Schnitzelfleisch wird gut geklopft, mit Salz bestreut und in Mehl getaucht, dann in gut mit ein Eßlöffel Milch gequirltes Ei und nachher in Semmelbrösel. In einer Pfanne läßt man gutes Schweinefett heiß werden, legt die Schnitzel hinein und bäckt sie gut aus auf beiden Seiten.

Schweinefleisch mit schwarzer Brühe

s. „Sauerfleisch"

... wird ebenso zubereitet wie (siehe vorher nach) das Rindfleisch mit schwarzer Brühe oder Sauerfleisch genannt. Man verwendet also entweder Einbrenne zum Dicklichmachen der Brühe oder Lebkuchen, gießt man Sauerrahm dazu, so bleibt der Lebkuchen weg. Die Brühe wird mit Rahm zubereitet, nur eingebrannt und bleibt lichter.

Schweinefleischvögel (Rouladen)

s. „Lungenbratenvögel"

... werden aus Schnitzelfleisch vom Schlegel hergestellt und ebenso zubereitet wie die Lungenbratenvögel.

Kesselfleisch

Zunge, Backen-und Halsfleisch, Kren, Salz, Brot

... wird meist beim Schlachten des Hausschweines zum Essen verwendet. Dazu gehört ein Stück Zunge, ein Stück Fleisch von den Backen und vom Halse. Dieses wird mit frisch geriebenem Kren (Meerrettich), Salz und Brot gegessen.

Spanferkel (Schweinchen) gebraten

Ferkel, Wasser, Semmel, Salz, Pfeffer, Thymian, Salbei, Basilikum, Butter, 2 – 3 Eier, Bier

Das Ferkel wird innen und außen gut abgewaschen, mit einem Tuch abgetrocknet und 12 Stunden (über Nacht) aufgehängt. Lunge und Herz mit Salz weich kochen, die Leber roh fein durch die Fleischmaschine, dann alles mit einer in Wasser aufgeweichten Semmel, Salz, Pfeffer, Thymian (Basilikum, Salbei), etwas zerlassene Butter, 2 bis 3 Eier gut vermengen. Den Bauch des Ferkels damit füllen und zunähen. (Man kann das Ferkel auch nur mit 2 bis 3 aufgeweichten Semmeln ausfüllen.) Das Ferkel kommt in eine lange Pfanne auf ein Gestell, oder, ohne solches, muß das Hinterteil etwas erhöht werden durch Unterlegen mit Holz. Die Vorderfüße unter die Brust, die Hinterfüße unter den Bauch. Im Rohr zuerst mit Salzwasser oft begießen, den hervorquellenden Saft mit einem Tuche abwischen, und es während des Bratens mit Butter und Bier bestreichen, damit es knusperig wird. In 1 1/2 – 2 Stunden gebraten.

Junger Schweineschlegel mit Sardellen

Schweinefleisch, Sardellenbutter

Ein junger Schweinsschlegel wird von Haut und Fett befreit und mit Sardellenbutter bestrichen (80 g Sardellen und 100 g Butter) und dann braten. Etwas Wasser zugießen.

Schweinerücken als Wildbraten

Schweinefleisch, Essig, Wasser, Thymian, Wacholder, 100 g Fett, 300 g Brot, Pfeffer, 140 g Butter, 1 Glas Rotwein

Nicht zu starken, mittelalten Rücken, Haut und Fett bis auf 1 cm abschneiden. Sud von Essig, Wasser, Thymian, Wacholder kalt werden lassen, das Fleisch hineinlegen und fünf Tage darin wenden. Man nimmt das Fleisch heraus, legt es auf 100 g Fett und brät es weich, von der Beize gießt man nur etwas zu. Man mischt 300 g geriebenes Brot mit gestoßenem Pfeffer, 140 g Butter, ein Glas Rotwein, belegt damit den Rücken und schiebt den Braten ins Rohr, damit das Überstrichene zur Kruste wird. Nicht begießen, nur mit dem Bratensaft beträufeln.

Gebratenes Kalbfleisch

Kalbfleisch, Fett/Butter, Zwiebel, gelbe Rüben, 1/2 TL Kümmel, Semmelbrösel

In einer Pfanne wird Fett oder Butter, etwas Zwiebel und gelbe Rübe bißchen aufgedünstet, das Kalbfleisch hineingelegt, eine Weile auf beiden Seiten abgebraten und dann Wasser zugegossen. In ein kleines Leinwandfleckel gibt man 1/2 Teelöffel Kümmel, bindet es zu und legt es mit ins Wasser. Ist das Fleisch weich, so streut man Semmelbrösel darüber und schiebt die Pfanne in die

Röhre. Unter öfterem Nachgießen und Übergießen läßt man das Fleisch braun färben.

Eingemachtes Kalbfleisch

Kalbfleisch, Zwiebel, Sellerie, Petersilie, gelbe Rüben, 3 Pfeffer-, Pimentkörner, 1 Lorbeerblatt, Salz, Ingwer, Zitronenschale, Einbrenne, Zitronensaft/ Majoran

Das Fleisch wird mit Zwiebel, Sellerie, Petersilie und gelber Rübe in kaltem Wasser zugestellt, etwas gesalzen, drei Pfeffer- und Pimentkörner, ein kleines Lorbeerblatt, ein Stückchen Ingwer (ein Stückchen Zitronenschale gibt feinen Geschmack) dazu. Ist das Fleisch gekocht, so gibt man in die abgeseihte Brühe Fetteinbrenne; besser schmeckt Buttereinbrenne. (Etwas Zitronensaft macht fein.) Auch Majoran kann man zuletzt in die Brühe tun.

Kalbfleisch gespickt

Kalbfleisch, Speck, Salz, Pfeffer, Fett, Butter, Zwiebel

Ein Kalbfleischstück wird mit Speck gespickt und mit etwas Salz und Pfeffer bestreut. In einer Pfanne etwas Fett, Butter und Zwiebel hell anlaufen lassen, das Fleisch darauf legen, etwas anbraten lassen und umdrehen. Dann etwas Wasser zugießen und im Rohr leicht färben, bis es weich ist.

Gefüllte Kalbsbrust

Kalbsbrust, 1/4 l Milch/süßer Rahm, 1 – 2 Eier, Salz, Muskatblüte, 4 Kipfeln

Holt man vom Fleischer eine Kalbsbrust, so soll er die Rippen entfernen und die Tasche öffnen. In diese gibt man folgende Fülle: In 1/4 Liter Milch oder besser süßen Rahm werden 1 bis 2 Eier verquirlt, etwas Salz, Muskatblüte, vier würfelig geschnittene Kipfel hineingegeben, und wenn diese recht aufgequollen sind, schiebt man die Fülle in die Fleischtasche und näht sie zu. Das Fleisch wird nun ebenso fertig gebraten wie das vorher angegebene Kalbfleisch. Beim Aufschneiden fingerbreite Scheiben schneiden, damit die Fülle nicht zerfällt.

Falscher Thunfisch

Kalbsschlegel, Salz, Zitronensaft, Wasser, Wein, Weinessig, Eiertunke/Mayonnaise

Vom Kalbsschlegel (3 Pfund für 10 Personen) schneidet man schöne, große, dünne Schnitzel, klopft sie auf beiden Seiten, salzt sie ganz schwach, betropft sie mit Tafelöl und Zitronensaft und legt sie in eine Schüssel, wo sie zwei Stunden zugedeckt liegen bleiben. Nachher legt man sie auf einem Fleischbrett so übereinander, daß sie sich zu einer Wurst rollen lassen. Diese wird in Mull gewickelt, mit festem Faden gebunden und in schwachem Salzwasser, vermischt mit etwas Wein und Weinessig, eine Stunde gekocht. Auskühlen lassen, aus dem Mull herausnehmen, in dünne Scheiben schneiden und auf eine flache Schüssel legen. Dazu eine Eiertunke oder Mayonnaise.

Hühnerpastete od. gefüllte Henne (Ente)

500 g Kalbfleisch, 125 g Schweinefleisch, 125 g Speck, 125 g Zunge oder Schinken, 1 Ei, 1 Messerspitze Piment, Muskatblüte, Salz, 50 g Pistazien, Henne/Ente, Eiertunke

500 g rohes Kalbfleisch und 125 g rohes Schweinefleisch feingehackt, 125 g Speck würflig geschnitten, 125 g Zunge gekocht oder Schinken, ein Ei, eine Messerspitze Piment, Muskatblüte und Salz, 50 g gekochte Pistazien.

Die Henne (oder Ente) wird nach dem Schlachten sofort gerupft, damit die Haut nicht zerrissen wird, dann am Rücken aufgeschnitten und die Haut abgezogen. Man läßt das Fleisch kochen, löst es von den Knochen, schneidet es in Würfel. Nun mengt man oben Angeführtes und Hennenfleisch leicht untereinander, füllt das Gemenge in die Haut, näht überall zu und läßt die gefüllte Haut zwei Stunden in der Hühnersuppe kochen, öfters umwenden, gibt sie dann auf ein Brett, beschwert sie und schneidet sie kalt in dünne Scheiben. Man legt diese auf eine flache Schüssel und reicht dazu Eiertunke.

Gesulztes (Schweinefleisch)

Schweinsfüße, Gemüse, Gewürze, Essig

Die Schweinsfüße werden in kaltem Wasser mit Gemüse, Gewürz und Essig zum Kochen aufgestellt. Weich geworden, wird das Fleisch von den Knochen abgelöst und in kleine Stückchen geschnitten und auf Schüsseln gelegt. Die Suppe wird einigemal aufgekocht und schon während das Fleisch noch drinnen ist, öfters abgeschöpft. Sobald die Suppe rein genug ist, wird sie von der Platte weggestellt, abgeseiht und noch eine Weile stehen gelassen. Wenn sich die Fleischfasern gesetzt haben, gießt man sie langsam über das Fleisch in die Schüsseln.

Gesulztes Kalbfleisch

Kalbfleisch, Gemüse, Gewürze, Essig, Salz

Beim Fleischer verlangt man Sulzfleisch.
Das zum Sulzen bestimmte Fleisch wird in kaltem Wasser mit etwas Gemüse und Gewürz, Essig und Salz zugestellt. Man schäumt die Fleischsuppe während des Kochens öfters ab. Ist das Fleisch weich, wird die Suppe abgeseiht und das Fleisch in kleine Stückchen geschnitten, die Suppe nochmals abgeschöpft und über das in Schüsseln bereitgelegte Fleisch gegossen und an einen kalten Ort zum Auskühlen gestellt.

Hackbraten

750 g Rindfleisch, 250 g Schweinefleisch, Salz, Pfeffer, Zwiebel, Milch, Semmel, 1 – 2 Eier, Majoran,

750 g Rindfleisch vom Schlegel, das recht wenig Flechsen und Fett enthält, wird mit 250 g Schweinefleisch auf der Fleischmaschine gehackt und dann mit Salz, Pfeffer, feingehackter Zwiebel, in Milch aufgeweichter, ausgedrückter Semmel und 1 bis 2 Eiern zu einem Teig angemacht. (Zu diesem kann man nun Majoran geben oder fein zerdrückten Knoblauch, um den Geschmack zu erhöhen.) Nun streut man Semmelbrösel auf ein Brett, walkt den Teig zu einer

Knoblauch, Semmelbrösel, Fett, Mehl, Sauerrahm

länglichen Walze aus und gibt diese in eine Pfanne, in der man Fett zerlassen hat, schiebt die Pfanne in die Röhre und begießt den Braten öfters mit dem Fett. In einer Stunde ist der Braten durchgedünstet. Nun kann man etwas warmes Wasser in die Pfanne gießen, salzen und mit Mehl die Brühe verdicken, oder man gießt noch Sauerrahm über den Braten und macht dann eine ausgiebige Brühe, die man mit Mehl eindickt.

Karbonaden (Fleischpflanzerl)

Teig s. „Hackbraten"

Man bereitet denselben Fleischteig wie beim Hackbraten und teilt diesen dann in kleine Teile und formt kleine Kuchen, Karbonaden genannt. In einer großen Pfanne läßt man Fett heiß werden, legt die Karbonaden hinein und brät sie auf beiden Seiten auf der Platte braun und knusprig. Das Fett wird abgegossen und wieder anderweitig verwendet. Paßt gut zu Kartoffelspeisen, die sich am besten als Zuspeisen eignen.

Selchfleisch mit schwarzer Brühe

Fett, Zwiebel, Sellerie, gelbe Rübe, Petersilie, Gewürze/Zucker, Zitronenschale/-saft, Salz, Essig, Mehl, 1 EL Himbeer-, Ribismarmelade, Holundermarmelade/ Zichorie

In eine Kasserolle gibt man Fett, alle vier Gemüse- und Gewürzarten oder etwas Zucker, läßt das Ganze etwas dunkel anlaufen, gibt das Fleisch hinein, dünstet es eine Weile im Fett auf beiden Seiten, gießt Wasser zu und läßt es weich dünsten. Man gibt des feinen Geschmackes wegen auch Zitronenschale und -saft dazu, Salz, Essig nach Bedarf. Die Brühe mit Mehl verdicken, abseihen, wenn möglich ein Eßlöffel Himbeer- oder Ribismarmelade dazu und mit Holunderpowidel oder etwas Zichorie die Brühe dunkel färben.

Selchzunge (vom Schwein oder Rind)

Zunge, Wasser

Diese wird mit kaltem Wasser zum Weichkochen aufgestellt, dann abgeschält und zerschnitten, zu Spinat, gedünsteten gelben Rüben, Kartoffelkasch, Kraut etc. gegeben.

Das Geschling oder Beuschel kleinerer Schweine

Zunge, Herz, Lunge, Leber, Gemüse, 3 – 4 Pfeffer-, Pimentkörner, 1 Lorbeerblatt, Essig, Einbrenne, Salz, Zitronenschale, -saft, Majoran

Die Zunge, das Herz, die Lunge und Leber werden in kaltem Wasser mit Gemüse weich gekocht, doch ohne Salz, denn sonst wird die Leber hart, 3 bis 4 Pfeffer- und Pimentkörner, ein Lorbeerblatt und etwas Essig. Sobald das Fleisch weich gekocht ist, wird die Suppe abgeseiht, mit Fetteinbrenne verdickt, gesalzen (etwas Zitronenschale fein gerieben und Saft macht sehr feinen Geschmack). Nun schneidet man das Geschling in schmale Nudelstückchen und wirft diese in die fertige Brühe. Salz und Essig nach Belieben, auch Majoran dazugeben.

Gewöhnliches Gulasch

Gulaschfleisch, Zwiebel, Fett, Salz, Pfeffer, Mehl/süßer Paprika, Sauerrahm, Zichorie

Gulaschfleisch wird in Würfel geschnitten. In einer Kasserolle wird feingeschnittene Zwiebel mit viel Fett lichtgelb geröstet, das Fleisch hineingetan und nun gedünstet, manchmal umgerührt. Dann erst gießt man kaltes Wasser zu, salzt und läßt das Fleisch zugedeckt weich dünsten. Nun gibt man entweder gestoßenen Pfeffer dazu und streut Mehl zum Verkochen ein, damit eine dickliche Brühe wird, oder man streut süßen Paprika ein und verdickt die Brühe mit eingestreutem Mehl, oder man gießt zur Paprikabrühe etwas sauren Rahm, wodurch sie recht ausgiebig wird. (Um ein dunkelgefärbtes Gulasch zu erhalten, streut man ein erbsengroßes Stückchen Zichorie ein, oder man läßt Paprika mit der Zwiebel eine Weile braten, bevor noch das Fleisch hineinkommt.)

Gasthausgulasch

Gulaschfleisch, Zwiebel, Fett, Knoblauch, Salz, süßer Paprika, Mehl

Zwiebel in viel Fett lichtgelb anlaufen lassen (ein kleines Stückchen Knoblauch dazu). Das Fleisch in Stücke schneiden, mit Salz bestreuen und in die Kasserolle werfen, öfters umrühren und das Fleisch im eignen Saft dünsten lassen, bis dieser wieder einzudünsten beginnt, süßen Paprika auf das Fleisch streuen, noch einigemal umrühren und dann kaltes Wasser zugießen und das Fleisch weich dünsten lassen. In kaltem Wasser etwas Mehl verrühren und mit diesem die Brühe einstauben. Wenn die Zwiebel fein geschnitten wurde, muß die Brühe nicht geseiht werden.

Gulasch mit Sauerkraut

Gulaschfleisch, Zwiebel, Fett, Paprika, Sauerkraut, Sauerrahm, Mehl

Viel Zwiebel in Fett hell rösten, dazu das in Würfel geschnittene Schweinefleisch und Paprika, dünsten im eigenen Saft, bis er wieder einkocht; Sauerkraut dazu und etwas Wasser zugießen und das Fleisch weich dünsten lassen. Zuletzt mit Wasser und Mehl etwas verdicken, besser mit Rahm und Mehl verdicken.
Zu 1000 g Fleisch, 125 g Sauerkraut, 1/4 Liter sauren Rahm.

Wiener Gulasch

Gulaschfleisch, Zwiebel, Fett, Paprika, Kümmel, Majoran, Knoblauch, Salz

Ziemlich viel Zwiebel feinhacken, in Fett licht rösten, Paprika, dazu Kümmel, Majoran und Knoblauch, fein zerkleinert, reichlich Fleisch, geschnitten, hinein, salzen und dünsten, kaltes Wasser darauf und weich dünsten lassen. Die Brühe abseihen, einstauben.

Schweinsgulasch

Gulaschfleisch, Zwiebel, Fett, süßer Paprika, Mehl, Sauerrahm

Das Schweinefleisch in Würfel schneiden, in einer Kasserolle Fett und Zwiebel anlaufen lassen, bis es lichtbraun ist, süßen Paprika nach Bedarf einstreuen, das Fleisch hinein, unter Umrühren eine Weile dünsten und dann kaltes Wasser zugießen. Sobald es weich gedünstet ist, Mehl einstreuen, und wenn man will, kann man auch sauren Rahm dazugießen.

Wurstgulasch

Knackwürste, Zwiebel, Fett, süßer Paprika, Suppe, Mehl, Essig, Salz

Fein geschnittene Zwiebel wird in Fett in einer Kasserolle lichtbraun geröstet, süßer Paprika dazu verrührt und etwas Knochen- oder Fleischsuppe oder Wasser dazu gegossen. Knackwürste werden geschält, in Scheiben geschnitten und in die Brühe geworfen. Man verdickt die Brühe mit etwas Mehl, welches in kaltem Wasser verrührt wurde. Wer will, kann auch etwas Essig dazu gießen. Salz nach Geschmack dazu geben.

Tiroler Geröstel

Kartoffeln, Fleisch- und Wurstreste, Fett, Zwiebeln, Suppe, Salz

Kalte Kartoffelreste, Fleisch- oder Wurstreste werden mit etwas in Fett gebräunter Zwiebel untermischt und in einer gefetteten Form im Rohr durchgewärmt. Etwas Suppe oder Fleischbrühe und Salz darüber.

IV. Wildgerichte

Hase/Kaninchen:

Reh:

Wildschwein:

Hasenbraten

Hase, Speck, Essig, Zwiebel, Sellerie, gelbe Rübe, Petersilie, Pfeffer-, Pimentkörner, 1 Lorbeerblatt, Ingwer, Fett, Butter, Salz, Brösel/Sauerrahm, Mehl

Der Hasenrücken mit den beiden Hinterschenkeln wird abgehäutet, gespickt mit Speckstreifchen und in ein irdenes Gefäß gelegt, Essig darüber gegossen, ein Stückchen Zwiebel, Sellerie, Petersilie, gelbe Rübe dazugegeben und einige Pfeffer- und Pimentkörner, ein Lorbeerblatt und ein Stückchen Ingwer. Nicht salzen! In 1 bis 2 Tagen gießt man den Essig weg, gibt in eine Pfanne Fett und Butter, legt den Hasenrücken samt dem Gemüse und Gewürz hinein und läßt ihn eine Weile dünsten, dreht ihn um und nach einer Weile gießt man Wasser zu, gibt Salz und Essig nach Bedarf und läßt den Hasen weichdünsten. Öfters Wasser zugießen! Sobald der Hase weich ist, schiebt man ihn in die heiße Röhre, bestreut ihn mit Brösel und begießt ihn öfters, bis er braun ist. Dann wird der Hase in Stücke geschnitten.
Will man wie beim Lungenbraten eine Rahmbrühe haben, so streut man keine Brösel, sondern gießt Sauerrahm auf das Fleisch.
Nachdem die Brühe abgeseiht ist, gießt man Wasser mit Mehl verquirlt in die Brühe, um sie zu verdicken.

Hase mit schwarzer Brühe

Hase, Fett, Zwiebel, gelbe Rübe, Petersilie, Sellerie, Gewürz-, Pfefferkörner, 1 Lorbeerblatt, 1 EL Zucker, Salz, Essig, Einbrenne, Holunderpowidl/Zichorie

Der Vorderhase und das Geschling werden der „junge Hase" genannt. In eine größere Kasserolle wird Fett mit Zwiebel, gelbe Rübe, Petersilie und Sellerie, einige Gewürz- und Pfefferkörner, ein Lorbeerblatt, ein Eßlöffel Zucker gegeben und bräunlich geröstet. Dann wird der Hase hineingelegt und eine Weile gedünstet, später Wasser zugegossen und gesalzen. Das Fleisch weichdünsten, herausnehmen, die Brühe abseihen, Essig zugießen, mit Einbrenne verdicken und Holunderpowidel dazu (oder etwas Zichorie), damit es eine dunkle Brühe wird. Salz, Zucker, Essig nach Geschmack dazugeben.

Wenn der Hase frisch geschossen ist und Blut in sich hat, kann man dieses mit zum Schwarzhasen verwenden. Ist der Hase schon einige Tage vor Gebrauch geschossen worden, Vorsicht wegen Vergiftung.

Kaninchen

Kaninchen, Essig, Salz, Pfeffer, Speck, 2 Zwiebeln, Lorbeer, Piment, Ingwer, Mehl

Ein kleines Kaninchen waschen, häuten, in Stücke zerteilen, einige Stunden in Essigwasser legen. Nach dem Herausnehmen abtrocknen, salzen, pfeffern, in ein bißchen Speckwürfel und zwei Zwiebeln anbraten, etwas Lorbeerblatt, Piment, Ingwer und Wasser weichdünsten. Mit etwas Mehl die Brühe verdicken.

Rehbraten

s. „Hasenbraten"

wird ebenso zubereitet wie der Hasenbraten.

Das Rehfleisch mit schwarzer Brühe

s. „Hase mit schwarzer Brühe

... wird ebenso gemacht wie der Schwarzhase.

Wildschweinschlegel

Wildbeize

... in Wildbeize einige Tage einlegen und dann braten wie Schweinefleisch, Haut nicht abziehen.

V. Innereien und Würste

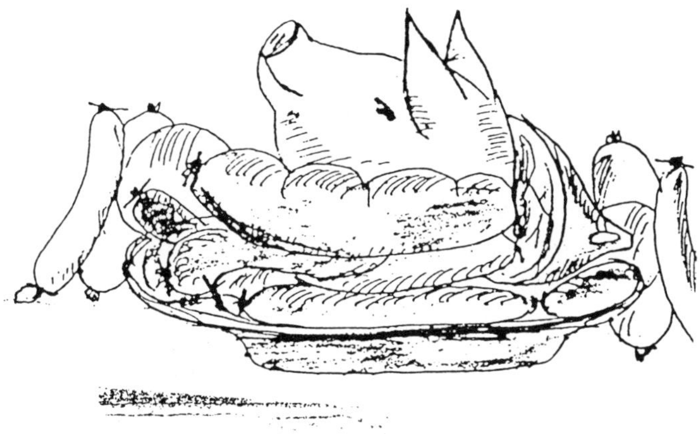

Weißleber

Weißleber, Fett, Zwiebel, Salz, Pfeffer, Mehl, Knoblauch

Die Weißleber wird gewaschen und in kleine Streifen geschnitten, ebenso ein Stück 250 g des Fettnetzes und die Milz. In einer Kasserolle läßt man Fett mit Zwiebel lichtgelb anlaufen, gibt das Zerschnittene hinein, Salz und Pfeffer dazu, brät es unter Umrühren etwas aus, gießt dann Wasser zu und läßt das Ganze 2 bis 2 1/2 Stunden dünsten. Nun stellt man es von der Platte weg, schöpft das Fett ab und gibt die Kasserolle wieder ans Feuer, streut Mehl ein zum Aufkochen und gibt noch etwas Knoblauch dazu.

Hirn mit Ei

Hirn, Fett, Zwiebel, 1 – 2 Eier, Salz, Kümmel

Das Hirn wird in lauwarmem Wasser von den Blutadern befreit. In Fett feingeschnittene Zwiebel lichtgelb anlaufen lassen, das Hirn hinein und gar dünsten. Dann schlägt man 1 bis 2 Eier darauf, gibt Salz und Kümmel dazu, rührt das Ganze, bis die Eier weich sind wie bei Rührei.

Nieren

Nieren, Fett, Zwiebel, Salz, Pfeffer, Mehl

Die Nieren werden gut ausgewaschen, in schmale Streifen geschnitten. In etwas Fett feingeschnittene Zwiebel anlaufen lassen, die Nierenstücke hinein, einigemal umrühren und Wasser zugießen; Salz und gestoßenen Pfeffer dazu. Sobald sie weich sind, Mehl einstreuen zum Aufkochen und Verdicken der Brühe.

Kalbsleber, gedünstet

Kalbsleber, Fett, Zwiebel, Mehl, Salz, Zitronensaft, Pfeffer

Die Leber wird in schmale Scheiben geschnitten. In eine weite Kasserolle gibt man ziemlich viel Fett und Zwiebel und läßt diese lichtgelb anlaufen.
Nun legt man die mit Mehl bestaubten, nicht gesalzenen (sonst wird die Leber hart) Leberscheiben in das Fett und dünstet sie eine Viertelstunde, dann wendet man sie um und dünstet sie auf der anderen Seite. Zuletzt gießt man etwas Wasser zu. Erst vor dem Essen wird gesalzen und etwas Zitronensaft daran gegeben. (Etwas gestoßener Pfeffer erhöht den Geschmack.)

Gansleber, gedünstet

Gansleber, Speck, Fett, Zwiebel, Salz, Mehl, Zitronensaft

Die Gansleber wird in Scheiben geschnitten, mit langen Speckstreifen gespickt, in Fett, in welchem Zwiebel licht geröstet wurde, auf beiden Seiten gedünstet. Vor dem Essen etwas Wasser zugießen, salzen, mit Mehl verdicken und etwas Zitronensaft dazuträufeln.

Gansleber, gebraten

Gansleber, Räucherspeck, Fett, Zwiebel, Mehl, Salz

Die Gansleber wird nicht zerschnitten, sondern gespickt mit Räucherspeck, in heißes Fett gelegt und etwas Zwiebel dazu getan, unter fleißigem Zugießen von Wasser in der Röhre fertig gebraten. Zuletzt etwas Wasser zugießen, in dem Mehl verquirlt ist, Salz in die Brühe, die Leber in Scheiben schneiden und auftragen.

Preßwurst

Backenfleisch, Herz, Zunge oder Nieren, Ohr, Suppe, Blut, Salz, Pfeffer, Ingwer, Zwiebel, Zitronenschale, Speck, Magen

Zu dieser verwendet man dunkle Fleischteile der Backen, das Herz, die Zunge (abgehäutet), manchmal auch die weich gekochten Nieren und ein Stück Ohr, schneidet dies alles in walnußgroße Stücke und vermengt sie mit guter Suppe aus dem Wursttopf, am besten Suppe der Schweinshaxeln, und etwas Blut, gibt Salz, gestoßenen Pfeffer und Ingwer, Zwiebel, feingehackte Zitronenschale dazu und einige Speckstückchen und füllt das Ganze in den Magen ein, den man fest zubindet und zwei Stunden leicht kochen läßt. Dann nimmt man die Wurst vorsichtig heraus, legt sie auf ein Brett und legt ein kleines Brett darauf, auf welches Gewichte oder Bügeleisen gelegt werden, damit die Wurst eingepreßt wird. Die Wurst muß an einen kalten Ort gestellt werden. Den Rest der Füllmenge kann man in einen anderen breiten Darm oder in einen Papierdarm füllen, nach dem Kochen auch beschweren.

Leberwurst

Kopf, Ohren, Lunge, rohe Leber, Semmeln, Suppe, Salz, Pfeffer, Ingwer, Zwiebel, (Knoblauch), Leberwurstdarm, Wasser

Für diese verwendet man einige Fetteile des Kopfes, die Ohren, die Lunge, die rohe Leber wird in Stücke geschnitten und dies alles dann auf der Fleischmaschine abgedreht. Nun kommt das Ganze in eine große Schüssel, die Semmel hinein und etwas gute, heiße Suppe, in welcher der Kopf gekocht wurde. Salz, Pfeffer und gestoßener Ingwer, feingehackte Zwiebel (Knoblauch wenig), und, wenn alles gut vermengt und die Masse dünn genug ist, wird sie in die Leberwurstgedärme eingefüllt. (In manchen Gegenden macht man das mit der Hand, in anderen mit der Wurstspritze oder Wurstmaschine.) Die fertigen Würste werden nun in Wasser gekocht und sobald sie schwimmen, herausgenommen, in warmes Wasser getaucht und dann auf ein Brett zum Abkühlen gelegt. Dieses Wasser wird mit zur Suppe verwendet.

Blutwurst

Blut, Speck, Graupen, Semmeln, Fettgrieben, Salz, Majoran, Pfeffer, Zwiebel, Knoblauch, Suppe, Blutwurstdarm

Das Blut, das beim Schlachten aufgefangen wird, muß gerührt werden, bis es kalt ist, damit es nicht gerinnt, d. h. es bilden sich Klumpen, die unbrauchbar sind. Das Blut für die Blutwürste wird abgeseiht und Folgendes dazu gegeben: kleine Speckwürfel, Graupen oder einige ausgedrückte Semmeln, Fettgrieben (wenn das Fett schon ausgelassen wurde), Salz, Majoran, Pfeffer, feingehackte Zwiebel (bißchen Knoblauch), etwas Fleischsuppe. Das Ganze wird nun gut vermengt und in die Blutwurstgedärme eingefüllt, diese zugemacht und die Würste werden solange gekocht, bis beim Anstechen kein rotes Blut mehr herauskommt. Sind keine Gedärme mehr vorhanden, so streicht man eine Pfanne mit Fett aus, gießt die Masse hinein und bäckt sie in der Röhre aus.

Schwarten- oder Häutewurst

Häute, Fleischstücke, Salz, Pfeffer, Zwiebel, Ingwer, Knoblauch, Gedärme

Ist das Fett abgezogen, so bleiben die Häute übrig, welche, einige Stunden weichgekocht, zu einer guten Wurst Verwendung finden. Einige Fleischstückchen, die beim Fleischhacken übrig bleiben, werden in Salzwasser weich gekocht. Die ebenfalls weich gekochten Häute seiht man ab und schneidet sie in schmale Streifen. Nun gibt man alles, aber noch ziemlich heiß, in einen Topf, Salz, Pfeffer, Zwiebel, feingestoßener Ingwer und Knoblauch dazu und mengt dies gut durcheinander. Hat man Gedärme übrig, so füllt man die Masse in dieselben ein und kocht sie eine Stunde, legt sie auf ein Brett, gibt ein kleines Brett darauf und auf dieses ein Bügeleisen, damit die Wurst gut eingepreßt ist. Hat man noch Masse übrig, so kann man sie in Pfannen oder Schüsseln gießen und dort erstarren lassen. Sie wird fest und läßt sich schneiden wie Sülze.

Schinkenfleckel, gebacken

Nudeln, Selchfleisch (gekocht), Zwiebel, Speck, Salz, Knoblauch, 1 – 2 Eier, Milch oder Rahm

Je nach Bedarf Nudeln, Hörnchen oder gebrochene Makkaroni. Auf ein Pfund rechnet man 125 g Selchfleisch (oder mehr). Gekochtes Selchfleisch wird in kleine Würfel geschnitten, den Speck gibt man in eine kleine Kasserolle und dünstet ihn aus, gibt dann etwas feingeschnittene Zwiebel dazu, die man lichtgelb werden läßt. Die Nudeln oder Fleckel werden in kochendes Salzwasser geschüttet und nachdem sie weich sind, abgeseiht. Unterdessen schüttet man die Speckwürfel mit den Zwiebeln und das kleingeschnittene Selchfleisch in eine größere Kasserolle, schüttet die Fleckel hinein und rührt sie um, gibt noch etwas fein zerdrückten Knoblauch dazu und bäckt das Ganze in der Röhre aus, nachdem man 1 bis 2 Eier mit etwas Milch, oder besser Rahm, gut verquirlt, darüber gegossen hat.

Schinkenfleckel, nicht gebacken

s. „Schinkenfleckel gebacken"

Diese werden ebenso zubereitet, nur fallen zuletzt die Eier weg und das Backen. Die Fleckel werden einfach mit dem Speck und Schinken vermischt und gleich gegessen.

Leberpresse (kalte Speise)

Lunge, Herz, Zunge, Leber, Speck, Salz, Pfeffer, Majoran, 1 – 2 Kipfel, Suppe, 1/2 TL Pastetengewürz, Zitronenschale

Um Schweinsgeschling zu verwerten, kann man eine feine Preßwurst herstellen. Die Lunge vom Schwein wird gekocht und fein gewiegt, Herz und Zunge gekocht und würflig geschnitten, Leber roh, fein gewiegt, gekochter Speck würfelig geschnitten, Salz, Pfeffer, Majoran, ein bis zwei geweichte Kipfel, zwei mittelgroße Schöpflöffel Suppe (von der Zunge und dem Herz), 1/2 Teelöffel

Pastetengewürz, von einer halben Zitrone die Schale. Die Därme nicht zu prall einfüllen, in heißes Wasser legen, zwei Stunden kochen, dann auf ein Brett legen und pressen.
(Man braucht dazu ein ganzes mittelgroßes Schweinegeschling und etwas Speck.)

VI. Fischgerichte

Karpfen, gebacken

Karpfen, Mehl, Ei, Semmelbrösel, Fett

...ist am leichtesten zu essen, da er nur wenige Gräten hat. Der Fisch wird abgeschuppt, gewaschen, der Hals durchgeschnitten und dann der Bauch aufgeschlitzt. Vorsicht wegen der Galle, die nach dem Herausnehmen sofort weggeschnitten wird. Der Rogen (die Eier) oder die Milch werden abgewaschen und zur Fischsuppe verwendet. (Siehe bei Suppen.) Das Blut wird aufgefangen, und falls schwarze Brühe gemacht wird, dazu verwendet.

Wird der Fisch wie Wiener Schnitzel in Fett gebacken, so schneidet man ihn am Rücken durch und macht zweifingerbreite Stücke, die man nun salzt, in Mehl, Ei und Brösel taucht und in heißem Fett ausbäckt.

Karpfen mit schwarzer Brühe

Karpfen, Zwiebel, gelbe Rüben, Petersilie, Sellerie, Blut, 1 Lorbeerblatt, 1 EL Zucker, 10 Zwetschgen (gedörrt), Zitronenschale, Salz, Essig, Lebkuchen, Mandeln, Rosinen, 1 EL Himbeer-, Ribismarmelade

Ziemlich viel Zwiebel, Petersilie, Sellerie und gelbe Rüben, ein Lorbeerblatt, dann etwas Zitronenschale, das Blut, ein Löffel Zukker, 10 Zwetschgen (gedörrte), Salz, alles kochen bis das Gemüse weich ist. Indessen Lebkuchen reiben und in kaltem Wasser einweichen. In die Brühe den Lebkuchen hinein, fast eine Stunde kochen lassen, ein Eßlöffel Himbeer- oder Ribismarmelade (oder Sirup) und kleine Mandeln oder Rosinen, besser ist fünf bittere Mandeln mit der Schale mitkochen, schälen und hacken. Die Brühe abseihen, keine Einbrenne, nur der Lebkuchen muß die Brühe dicklich machen. Zucker, Essig, Salz nach Bedarf. Die Fischstücke in die Brühe legen und 10 Minuten ziehen lassen.

Kleine Weißfische

Weißfische, Salz, Mehl, Butter/Öl, Zwiebeln, Zitronensaft

Von diesen schabt man die Schuppen ab, wäscht sie, schneidet sie am Bauch und Rücken und nochmals in der Mitte durch, so daß 4 Teile daraus werden, salzt sie, taucht sie in etwas Mehl und legt sie in heiße Butter oder Öl, in das man Zwiebelscheiben einschneidet. Umwenden, Zitronensaft dazu geben.

Fisch mit Senfsoße

Fischstücke, Essig, Sauermilch, Mehl, Senf

In die nötige Wassermenge gießt man etwas Essig, salzt und verdickt mit Sauermilch (Buttermilch oder saurer Sahne) und etwas Mehl, gibt auf 1 Liter ein Eßlöffel Senf dazu und läßt alles aufkochen. Abschmecken, an den Herdrand stellen, grüne Heringe oder sonstige Seefischstücke in die Soße geben. Je nach Größe 10 – 20 Minuten ziehen lassen, bis sie weich sind. (Wenn man die Fische kochen läßt, zergehen sie zu Brei.)

Gebackener Fisch

Fische, Salz, Mehl, Fett/Öl

Kleine Fische entgräten. Große in Scheiben schneiden. Die vorbereiteten Stücke etwas salzen, in Mehl tauchen und sofort auf beiden Seiten in heißem Fett oder Öl braun braten. Zu Kartoffelbrei oder Salat und Gemüse.

Paprikafisch

Fisch, Butter, Zwiebeln, 1 Messerspitze Paprika, Salz

Butter mit Zwiebel aufschäumen lassen, eine Messerspitze Paprika dazu. Den geteilten, gesalzenen Fisch hinein, dünsten lassen, dann wenden. Der Fisch ist sehr rasch fertig und schmeckt bei richtiger Zubereitung sehr gut.

Sulzfisch

Fisch,
Salz, Essig,
2 Pfefferkörner,
1 Nelke

Der ganze Fisch oder nur der Kopf wird in Salz- oder Essigwasser (zwei Pfefferkörner und eine Nelke) gekocht, die Suppe abgeschöpft und noch etwas eingekocht und über den Fisch oder Kopf gegossen, an kaltem Ort erstarren lassen. Ebenso bereitet man kleine Fische zu.

Brat-Zander

1 kg Zander im
Ganzen, Salz, Essig,
40 g Speck, 40 g Butter,
20 g geriebener Käse,
8 EL Kondensmilch,
40 g Mehl, 1/2 l Wasser,
Pfeffer, Zitronensaft,
1 Zitrone

Den vorbereiteten Fisch salzen und säuern. In eine mit Speck ausgelegte Pfanne geben, heiße Butter darübergießen, mit Käse bestreuen und im Ofen braten. Während des Bratens heißes Wasser zugeben, den garen Fisch vorsichtig herausheben. Mehl und Kondensmilch verquirlen, binden und abschmecken. Mit Zitronenvierteln anrichten.

Grundrezept Fischhackteig

400 g Fischfilet,
40 g Butter,
100 g Weißbrot,
4 EL Kondensmilch,
1 Zwiebel, Salz,
Pfeffer, 1 Ei

Fisch, eingeweichtes und gut ausgedrücktes Weißbrot und Zwiebel durch die Fleischmaschine drehen. Mit der aufgelösten Butter und den anderen Zutaten – gegebenenfalls noch etwas Reibebrot – gut vermischen.

Fischhackbraten

1 Grundrezept Fischhackteig, Reibebrot, 60 g Butter, 40 g Mehl, 8 EL Kondensmilch, 8 EL Wasser, Paprika, Salz

Fischhackteig zu länglichem Kloß formen, in Reibebrot wälzen und in heißer Butter anbräunen. Unter Zugießen von heißem Wasser garen, herausnehmen. Mehl und Kondensmilch verquirlen, binden und abschmecken.

Gekochter Seefisch

1000 g Seefisch, 2 l Wasser, Suppengemüse, Salz, Essig, Pfeffer, Piment, Thymian, Butter, Zitronensaft

1 EL Senf, Sahne, Mehl

Tomatenmark, Einbrenne

1000 g Fisch vorbereiten. In 2 Liter Wasser kocht man Suppengemüse (Zwiebel oder Porree, Petersilie, Sellerie, Möhren etc.), salzt, gibt Essig dazu und etwas Gewürz: Pfeffer, Piment, Thymian. Seiht alles ab und bringt den Sud wieder zum Kochen, legt den Fisch in Teilen in den kochenden Sud und läßt ihn auf dem Herdrand 20 bis 40 Minuten ziehen, nicht kochen. Man nimmt ihn mit einem großen Löffel heraus und trägt ihn mit Butter und Zitronensaft auf. Dazu Kartoffeln. Oder man bereitet aus der Suppe eine Senfbrühe, indem man einen Eßlöffel Senf dazugibt. Gute Sauermilch (Sahne) mit Mehl verrühren, dann Nachsalzen und Essig oder Zitronensaft nach Geschmack. Der gekochte Fisch wird dann mit der Senfbrühe übergossen.
Auch Tomatensoße kann man mit dem Sud bereiten. Tomatenmark und Einbrenne einkochen. Mit Salz, Essig und Zucker abschmecken.

Gebratener Seefisch

Seefisch, Fett, Öl, Zwiebeln, Tomaten, Thymian, Rosmarin, Buttermilch, Mehl

Den, wie eingangs erwähnt, vorbereiteten Fisch legt man in eine befettete Pfanne, übergießt ihn mit heißem Fett oder Öl, belegt ihn mit Zwiebelscheiben, festen Tomatenscheiben, Thymian (Rosmarin) und brät ihn etwa 25 Minuten im Rohr. Während des Bratens wird er öfters mit eigenem Saft begossen. Vor dem Anrichten kann man die Auflage entfernen. Den Saft kann man auch mit Buttermilch und Mehl aufkochen. Zu Kartoffelbrei und Salat sehr gut.

Seefisch-Gulasch

1000 g Seefisch, 50 g Fett/Öl, 200 – 250 g Zwiebeln, 1 EL Tomatenmark, Majoran/Thymian, Paprika, 1/2 l Sauermilch, 50 g Mehl

Ein Kilo Fisch. In 50 g Fett oder Öl röstet man 200 bis 250 g feingeschnittene Zwiebel lichtbraun (oder Porree) gibt einen Eßlöffel Tomatenmark, Majoran oder Thymian und etwas Paprika dazu, dann 1/2 Liter saure Milch mit 50 g Mehl verrührt und läßt alles aufkochen. Nach dem Abschmecken legt man den in große Würfel geschnittenen Fisch in die Brühe und läßt ihn 10 Minuten ziehen.

Heringscreme

2 – 3 Salzheringe, 40 g Butter, 100 g Zwiebeln, 40 g Mehl, 1 kl. Dose Kondensmilch, 1/4 l Brühe, Essig, Pfeffer

Vorbereitete Heringe entgräten, häuten und in kleine Würfel schneiden. Kleingeschnittene Zwiebeln in heißer Butter bräunen, Mehl dazurühren und mit Kondensmilch und Brühe auffüllen. Heringswürfel untermischen und abschmecken.

VII. Beilagen

Knödel

Nudeln

Kartoffeln

Gemüse

Knödel

Kartoffelknödel von rohen Kartoffeln

15 Kartoffeln,
1/2 l Milch,
125 g Mehl,
3 Semmeln,
Fett, Salz
(gibt 12 Klöße)

15 rohe, dünn geschälte Kartoffeln reiben, durch ein schütteres Tuch drücken. Nun kocht man 1/2 Liter Milch auf und gibt in diese 1/8 Liter Mehl, rührt alles fest um und gießt den Brei heiß über die ausgedrückten Kartoffeln, welche man gut mit dem Milchbrei vermengt. Das abgegossene Wasser läßt man abstehen und gibt den Mehlsatz auch in den Teig. Röstet dann drei Semmel, gewürfelt, in Fett, salzt, mengt alles gut durcheinander, formt 12 Knödel und kocht sie 1/4 Stunde in Salzwasser. Zerteilen und mit heißem Fett und Zwiebel, braungeröstet, übergießen!

Kartoffelknödel von gekochten Kartoffeln

12 – 14 Kartoffeln,
500 g Grieß,
1 Ei, Salz,
3 Kipfel, Fett,
Butter, Zwiebeln

Auf ein Nudelbrett gibt man 1/2 Liter Grieß und zerdrückt auf diesen 12 bis 14 frisch gekochte, noch heiße, abgeschälte Kartoffeln, damit der Grieß gleichsam gebrüht wird. Ist die Masse erkaltet, gibt man ein ganzes Ei, Salz und drei Kipfel, in Würfel geschnitten und in Fett geröstet, dazu, formt runde Knödel und kocht sie 1/4 Stunde in Salzwasser, zerteilt sie mit zwei Gabeln und übergießt sie mit brauner Butter oder Fett, in welchem man Zwiebel braungeröstet hat.

Kartoffelknödel ohne Ei

400 g Kartoffeln,
100 g Mehl,
100 g Grieß, Salz,
Semmelbrösel, Butter
(ergibt 12 Knödel)

Etwa 400 g Kartoffeln, die am Tage vorher gekocht worden sind, werden gerieben, mit 100 g Mehl und 100 g Grieß vermischt, etwas Salz. Daraus macht man 12 bis 13 Knödel, kocht sie 10 Minuten in Salzwasser (zerteilt sie, bestreut sie mit Semmelbröseln und heißer, brauner Butter).

Semmelbröselknödel

50 g Fett/Butter,
2 Eier, Salz, Milch,
Semmelbrösel

50 g Fett oder Butter mit zwei Eiern gut abtreiben, salzen, etwas Milch und soviel Semmelbrösel, daß ein mittelfester Teig wird, Knödel wie ein Eigelb formen und sie 5 bis 8 Minuten kochen.

Semmelknödel

1/2 l Wasser/Milch,
Hefe, 1 Ei,
Salz, Mehl,
3 – 4 Semmeln,
Fett

In 1/2 Liter Wasser oder Milch löst man ein walnußgroßes Stück Hefe auf, dazu ein Ei, etwas Salz und soviel Mehl, daß es ein lockerer Teig wird, den man aufgehen läßt. Unterdessen schneidet man drei bis vier Brötchen (Semmeln) in Würfel, die man auch mit Fett rösten kann, welche in den aufgegangenen Teig kommen. Gut verarbeitet werden dann 5 bis 6 Knödel geformt oder man macht zwei Walzen, die man etwa 20 Minuten kocht. Diese Knödel sind locker und haben den Vorteil, daß sie noch ungeschickten Händen nicht so leicht zusammenfallen.

Wiener Semmelknödel

5 Semmeln,
1 EL Fett, 1/2 Zwiebel,
Petersilie, 2 Eier,
1/4 l Milch, Salz, Mehl

Fünf Semmeln oder Kipfel in kleine Würfel schneiden und in eine Schüssel geben. Zu einem Eßlöffel Fett 1/2 Zwiebel geben, die fein geschnitten wurde, licht rösten und zugleich gehackte Petersilie einstreuen. Das Ganze über die Semmel gießen und gut damit verrühren. Dann 2 Eier mit 1/4 Liter Milch gut quirlen, darüber gießen, salzen und vermengen, dann etwas Mehl dazu! Sofort ausstechen und 1/4 Stunde kochen. (Nicht zu große Knödel formen.)

Grießknödel

1/2 l Milch, 500 g Grieß, 100 g Butter, 2 Eier, Salz, Semmelbrösel

In 1/2 Liter kochender Milch rasch 1/2 Liter Grieß einkochen. Ist der Brei ausgekühlt, rührt man 100 g Butter, zwei ganze Eier und Salz hinein, macht einige große Knödel und kocht sie 1/4 Stunde in Salzwasser, zerreißt sie, bestreut sie mit Semmelbröseln und begießt sie mit heißer Butter.

Grieß-Kartoffelknödel

1000 g Kartoffeln (gekocht), 100 g Grieß, 70 g Kartoffelmehl, 20 g Mehl, Salz, 2 EL Milch

1000 g gekochte Kartoffeln (vom Vortag), 100 g Grieß, 70 g Kartoffelmehl, 20 g Mehl, zwei Eßlöffel Milch, Salz. Die Kartoffeln reiben, alles mengen, 10 Knödel formen und 15 Minuten kochen lassen.

Tiroler Knödel

200 – 300 g Räucherspeck, 8 Brötchen, 2 Eier, 1 Eigelb, 1/2 l Milch, Mehl, Selchfleisch/Kraut

200 bis 300 g Räucherspeck werden in kleine Würfel geschnitten und geröstet, acht Brötchen in Würfel geschnitten, in das Speckfett geworfen, eine Weile geröstet, bis sich das Fett hineingezogen hat. Nun macht man einen lockeren Teig von zwei ganzen Eiern, ein Eigelb, 1/2 Liter Milch und Mehl. Kurz vor dem Essen gibt man die nicht zu hart gerösteten Semmeln hinein und mengt dies gut durcheinander, gibt den Teig aufs Nudelbrett und teilt ihn in 10 bis 12 Teile. Auf jeden Teil wird etwas gekochtes, gehacktes Selchfleisch oder Kraut gelegt, der Knödel gut zugemacht und in Salzwasser

1/4 Stunde gekocht, zerrissen und mit brauner Butter aufgetragen, Kraut dazu geben.

Topfen-Knödel

50 g Butter, Salz, 2 Eier, 500 g Quark, Semmelbrösel

50 g Butter abrühren, Salz und zwei ganze Eier dazugeben. Ein Pfund zerdrückten Quark daruntermengen und soviel Semmelbrösel, daß man Knödel machen kann. Es werden 6 bis 7 Stück. 1/4 Stunde in Salzwasser kochen, halbieren, mit brauner Butter beträufeln und mit gerösteten Semmelbröseln bestreuen.

Egerländer Klöße

500 g gekochte, 500 g rohe Kartoffeln, Salz

500 g gekochte, 500 g rohe Kartoffeln, Salz. Die gekochten Kartoffeln schälen und reiben, die rohen geschälten reiben, sofort mit den gekochten mischen, Salz zugeben, kleine Klöße formen und 10 Minuten in kochendem Salzwasser lassen.

Einfache Speckknödel

s. „Egerländer Klöße"

... werden ebenso vorbereitet, nur röstet man auch noch ein Stück Speck, der zu kleinen Würfeln geschnitten wurde und röstet darin die Semmelwürfel, bevor sie in den Teig kommen.

Gebackene Knödel oder Gagara

Rohe und gekochte Kartoffeln, Salz, Sauermilch, Fett, Milch

Man nimmt auf drei rohe Kartoffeln einen gekochten Erdäpfel. Die rohen Kartoffeln werden gerieben und durch ein Tuch fest durchgedrückt, dann kommen die gekochten Kartoffeln dazu. Salzen und soviel saure Milch zugeben, daß ein Teig wird, der sich streichen läßt. Entweder gießt man diesen nun in die Pfanne oder man nimmt ihn in Dalkengröße mit dem Löffel heraus und bäckt ihn in der Omelettenform aus. Viel Fett in die Pfanne geben! Die Milch kommt gleich nach dem Reiben der rohen Kartoffeln dazu, sonst werden sie schwarz. Man ißt Schwammerlbrühe dazu oder Preißelbeeren mit Milch verrührt.

Serviettenknödel

8 Semmeln,
100 g Butter,
gut 1/4 l Milch,
3 – 4 große Eier,
1 EL gehackte Peterslie,
4 gehäufte EL Mehl

Aus den Zutaten den gleichen Teig wie bei den Semmelknödeln herstellen. Nach dem Ruhen die Masse zu einer Rolle formen, in eine feuchte Serviette locker einwickeln und diese an den Enden mit einer Schnur zubinden. Durch die Schnur einen Kochlöffel stecken und auf diesem die Knödelmasse in das Gefäß mit kochendem Salzwasser einhängen, 35 Minuten langsam und zugedeckt kochen. (Nach 1/4 Stunde einmal umdrehen.) Nach dem Herausnehmen kurz abschrecken, abtropfen lassen und in etwa zwei Zentimeter dicke Scheiben schneiden.

Nudeln

Maisgrieß-Polenta

250 g Maisgrieß,
1 1/4 l Salzwasser,
Butter, Fett, Speck

Man gibt 250 g Maisgrieß in 1 1/4 Liter Salzwasser, das kochend sein muß, und rührt ihn solange, bis er sich vom Topf und Kochlöffel löst, (etwa 1/2 Stunde). Dann wird die Masse in eine mit Wasser ausgeschwenkte Form gedrückt, sofort gestürzt und als Polenta zu Gulasch, Beuschel und sonstigen Soßen gereicht.
Auch mit Butter oder Fett oder geröstetem Speck übergossen schmeckt Polenta gut.
Manche verwenden Polenta zu Obstsoßen von Pflaumen, Heidelbeeren usw.

Polenta-Nockerln

Polentamasse,
30 g Quark,
30 g Fett

Aus der wie oben gefertigten Polentamasse sticht man mit in heißes Wasser getauchtem Eßlöffel Nockerln aus, legt sie auf eine Schüssel, bestreut sie mit 30 g geriebenen Topfen (Quark) und betropft sie mit 30 g heißem Fett. Zu Blattsalat und Gemüse sehr gut.

Klemmernudeln oder Scheschulkastutzen

1500 g gek. Kartoffeln,
Salz, 1 – 2 Eier,
500 – 750 g Weizenmehl, Sauermilch,
Schmalz

1500 g heiße, gekochte, geschälte Erdäpfel werden gerieben, gesalzen, mit 1 bis 2 Eiern vermengt, 500 – 750 g Weizenmehl dazugegeben, gut vermischt, fingerstarke Walzen gewalkt, in fingerlange Streifen geschnitten, in eine Kasserolle gegeben, in welcher viel Buttersaures ist. Darin werden die Nudeln im Rohr gebacken. Vor dem Anrichten leicht überschmalzen und mit saurer Milch essen.

Kartoffelnudeln

1000 g gek. Kartoffeln, 250 g Mehl, Fett

1000g gekochte, kalte Kartoffeln schälen, reiben, salzen, 250 g Mehl oder mehr auf dem Nudelbrett zu einem Teig verarbeiten, dann kleine Stückchen schneiden und sie zu fingerlangen Nudeln auswalken, die man in heißem Fett lichtgelb bäckt.

Geröstete Nudeln

1000 g Weizenmehl, Milch, Salz, Schmalz, Sauermilch

Man nimmt 1000 g Weizenmehl, salzt es leicht und macht mit Milch einen ziemlich weichen Teig an, dann wird der Teig zu stricknadeldünnen Nudeln verarbeitet, welche nicht abgerissen werden. Die Nudeln werden im Rohr etwas getrocknet. Das Saure von zerlassener Butter wird in eine Pfanne gegeben und die Nudeln darin auf der Platte oder in der Röhre geröstet. Zum Anrichten tüchtig mit Schmalz befeuchten und saure Milch dazu essen.

Nudeln, Makkaroni

Salzwasser, Fett, Reibkäse/Mohn nach Belieben

In Salzwasser kochen, abseihen, mit Fett mischen, damit sie nicht kleben. Für alle Brühen verwendbar. Mit Zucker oder Mohn bestreut schmeckt es als Süßspeise sehr gut, oder aber mit Reibkäse belegen.

Makkaroni mit Paprika

500 g Makkaroni, Zwiebel/Fett, Paprika, Reibkäse, 2 EL Tomatenmark

500 g Makkaroni in Salzwasser weichkochen. Feingehackte Zwiebel in Fett anlaufen lassen, mit Paprika bestreuen, die Makkaroni daruntermischen, darüber Reibkäse und im Rohr anbräunen. Verbessert wird mit zwei Eßlöffel Tomatenmark.

Wasserspatzen

1 Ei, 1/8 l Wasser, 1/2 Päckchen Backpulver, 200 g Mehl, Salz

Ein Ei, 1/8 Liter Wasser, 1/2 Backpulver in 200 g Mehl untermischen und in die gut versprudelte, etwas gesalzene Flüssigkeit geben. Kleine Klößchen abstechen und in kochendes Wasser geben.

Kartoffeln

Gebackene Kartoffeln mit Ei

Gek. Kartoffeln, harte Eier, Salz, 1/4 l Sauerrahm, 1 Ei, Pfeffer, Selchfleisch

Gekochte erkaltete Kartoffeln schälen, in Scheiben schneiden. In eine runde befettete Kasserolle abwechselnd eine Schicht Kartoffeln und ein in Scheiben geschnittenes und gesalzenes Ei legen. Oben müssen Kartoffeln sein. Nun verrührt man (bei Gebrauch von z. B. 2 bis 3 harten Eiern) etwa 1/4 Liter Sauerrahm (mit einem Ei), etwas Salz und Pfeffer, gießt es über die Kartoffeln und bäckt es in der Röhre aus.

Man kann statt der Eierschicht auch gehacktes Selchfleisch streuen.

Geröstete Kartoffeln

Pellkartoffeln, Milch, Fett, Zwiebeln, Grieben, Speck

Man kann die mit der Schale gekochten, geschälten und in Scheiben geschnittenen Kartoffeln rösten und zuletzt ein wenig Milch dazugeben, dann werden sie weicher und man spart Fett.

Man röstet:

a) in Fett und wendet sie öfters, damit sie bräunlich werden, salzen;
b) in Fett und braungerösteter Zwiebel;
c) in Fett und Grieben;
d) in braungeröstetem Speck und Fett, das sich ausgebraten hat.

Kalte Kartoffeln, geröstet

Pellkartoffeln, Fett, Salz, Kümmel

Mit der Schale gekochte, geschälte, in Scheiben geschnittene Kartoffeln werden in heißes Fett geworfen, mit Salz und Kümmel bestreut und braungeröstet.

Krümelkartoffeln

Pellkartoffeln,
Mehl,
Salz,
Zucker

Vom Tag vorher gekochte Kartoffeln schälen und grob reiben, etwas Mehl und Salz mit zwei Gabeln locker untermischen. Ebenso locker werden sie 1 cm hoch in eine befettete Pfanne gelegt und im Rohr oder auf dem Herd einseitig backen, dann wenden. Mit Zucker bestreuen oder zu Salat, Gemüse oder Soßen reichen.

Kartoffelkasch (Brei)

Kartoffeln,
Salz,
Milch/Rahm,
Fett, Zwiebel,
Einbrenne, Brot

Dünn geschälte Kartoffeln werden mit kaltem Wasser und Salz zum Kochen aufgestellt. Indessen kocht man Milch oder etwas Rahm ab. Sind die Kartoffeln weich, abseihen und eine Minute offen stehen lassen, dann stampft man sie mit einem Quetscher oder mit dem Quirl gut durch, gießt die Milch darauf und verrührt diese tüchtig mit den Kartoffeln. Wenn nötig, nachsalzen. Der Brei wird in eine flache Schüssel gegeben und mit Fett, in welchem man Zwiebel braun geröstet hat, übergossen.
Einfacher zubereitet, wird das Kochwasser mit zum Verrühren verwendet. Das übrige Kartoffelwasser wird mit etwas Einbrenn verkocht und mit in Fett gerösteten Brotwürfeln zu Tisch gebracht.

Kartoffelplinsen

Rohe Kartoffeln,
Mehl, Salz,
Fett/Öl,
Zucker/süße Soße
nach Belieben

Rohe Kartoffeln dünn schälen, reiben (Wasser nicht abgießen), etwas Mehl und Salz dazurühren und sofort in der Bratpfanne in heißem Fett oder Öl in handtellergroßen, nicht zu hohen Dalken auf beiden Seiten licht backen. Beim Umdrehen etwas Fett oder Öl zugeben. Mit Zucker oder zu süßen Soßen sehr gut.

Kartoffelsterz

Kartoffelbrei, Mehl, Zwiebel, Fett, Mohn, Zucker, Grieß, Fleischwürze

Die Kartoffeln werden ebenso zugestellt und durchgestampft wie beim Brei angegeben, nur gibt man statt der Milch Mehl dazu und verrührt es gut. Mit dem Löffel ausgestochene Knödel legt man in eine Pfanne, übergießt sie mit braungerösteter Zwiebel und Fett oder nur mit Fett und streut Mohn und Zucker darüber. In das Kartoffelwasser etwas Grieß einlaufen lassen, Fett und Fleischwürze dazu.

Erdäpfeldotschen

1500 g rohe Kartoffeln, 750 g gekochte Kartoffeln, Äpfel, Reibkäse, Salz, Sauermilch, Weizenmehl, Fett, Sauerrahm, Schmalz, Zucker, Zimt

1500 g rohe Kartoffeln werden dünn geschält, auf dem Reibeisen gerieben, abgeseiht und durch ein Tuch gedrückt, 750 g gekochte geriebene Kartoffeln dazugegeben, auch kleine Äpfel oder Reibkäse nach Belieben. Salzen und mit saurer Milch anfeuchten! Man hat eine ziemlich lockere Masse und gibt etwas Weizenmehl dazu, drückt die Masse auf ein mit Fett bestrichenes Blech und bäckt sie im Rohr. Sobald der Dotsch eine leichte Kruste hat, läßt man ihn auskühlen, zerschneidet ihn in Stücke und brät ihn mit Sauerrahm wieder im Rohr. Nachher wird der Dotsch geschmalzen, mit Zucker und Zimt bestreut und mit saurer Milch gegessen.

Erdäpfelsterz

1000 g gekochte Kartoffeln, Salz, Reibkäse, 250 g Weizenmehl, Sauerrahm, Sauermilch, Butterschmalz

1000 g gekochte Kartoffeln werden geschält, gerieben, gesalzen. Es wird etwas Reibkäse, 250 g Weizenmehl, mit etwas Kornmehl vermischt, daruntergegeben, gut durchgemischt und abgebröselt. In der Röhre werden die Brösel etwas getrocknet (in einer Pfanne), so daß sie eine leichte lichtbraune Kruste bekommen, dann werden sie in der Röhre mit Sauerrahm angebraten. Zum Anrichten mit Butterschmalz tüchtig befeuchten und saure Milch dazu!

Kartoffelgulasch

Fett, Zwiebel, rohe Kartoffeln, Salz, Paprika

In einer flachen Pfanne röstet man viel feingeschnittene Zwiebel in ziemlich viel Fett. Die rohen Kartoffeln werden geschält, in Scheiben geschnitten und in die Pfanne auf das heiße Fett gelegt, mit etwas Salz bestreut. Wenn sie unten schon ziemlich weich sind, werden sie gewendet und wieder gebraten. Zuletzt wird etwas Wasser zugegossen. Paprika und Salz nach Belieben. Sobald die Kartoffeln weich sind, gleich essen.

Gegangene Liwanzen

15 rohe Kartoffeln, 1 l Milch, 1 Ei, Salz, Hefe, Mehl, Fett

15 roh geriebene Kartoffeln gut ausdrücken, das Wasser stehen lassen und den Mehlsatz wieder in den Teig geben. Ein Liter Milch, lauwarm, ein Ei, etwas Salz, etwas Hefe und etwas Mehl dazugeben. Alles zu einem dünnen Brei rühren, aufgehen lassen und in Fett kleine Dalken ausbacken. Zu Soßen oder als Süßspeise mit Zucker sehr gut.

Kartoffelstrudel

360 g Kartoffeln, 70 g Buttter, 2 Eier, Salz, 140 g Mehl, gekochtes Fleisch, 4 Semmeln, Butter

Man macht auf dem Nudelbrett einen Teig von 360 g kalten, gekochten, geriebenen Kartoffeln, 70 g Butter, zwei ganzen Eiern, 140 g Mehl, Salz, formt aus dem Teig einen 30 cm langen, 25 cm breiten Streifen, Selchfleisch oder Bratenfleisch hacken und daraufstreuen oder streut Semmelbrösel von vier Semmeln darauf, die in Butter geröstet wurden.

Nun rollt man den Teig zusammen, wickelt ihn fest in ein Tuch ein, das man auf beiden Seiten gut zubindet, auch in der Mitte, und kocht den Strudel 1/2 Stunde in Salzwasser. Dann wird er ausgewickelt, in Scheiben geschnitten und mit heißer Butter übergossen.

Gemüse

Das Weißkraut, 1. gekocht, 2. gedünstet

Kohlkopf, Kümmel, Salz, Einbrenne oder 2 rohe Kartoffeln, Essig, Mehl,

1. Das Häuptelkraut wird fein mit dem Messer geschnitten. Für vier Personen rechnet man fast 1000 g Kraut. Man gibt es in einen Topf, Wasser, Kümmel und Salz dazu und läßt es zugedeckt etwa zwei Stunden kochen, gibt Fetteinbrenne hinein und verrührt sie oder reibt zwei rohe Kartoffeln dazu, rührt diese mit Mehl und Wasser an und gibt dies in das Kraut, damit es dicklich wird. Essig und Salz gibt man nach Bedarf zu **oder**

Fett, Zwiebel, Kraut, Salz, Kümmel, Wasser, Essig, Einbrenne

2. In einer Kasserolle läßt man feingeschnittene Zwiebel in Fett lichtgelb anlaufen, gibt das geschnittene Kraut hinein, gibt Salz, Kümmel und etwas Wasser und Essig dazu und läßt es zugedeckt unter öfterem Zugießen von etwas Wasser weichdünsten, damit es nicht anbrennt. Zuletzt wird lockere Fetteinbrenne dazugerührt und mit Salz und Essig nach Belieben abgeschmeckt.

Weinkraut

Kohlkopf, Salz, Fett, Zwiebel, Zucker, Mehl, Weißwein, geriebene Kartoffeln, Einbrenne

Häuptelkraut wird fein geschnitten und in wenig Salzwasser weich gekocht. In einem Topf Fett mit Zwiebel rösten lassen, etwas Zucker dazu, das Kraut hinein und mit etwas Weißwein statt Essig aufkochen lassen, mit geriebenen Kartoffeln und Mehl einstauben oder mit Einbrenne verdicken.

Rotkraut

Rotkohl, Essig, Fett, Zwiebel, Salz, Wasser, Zucker, Pfeffer, Einbrenne

... wird fein geschnitten, in einen irdenen Topf gegeben, mit etwas Essig übergossen (man gibt auch etwas Speisesoda dazu, um die rote Farbe zu erhalten). Nun läßt man in einer Kasserolle Zwiebel in Fett anbräunen, gibt das Kraut mit dem Essig dazu, salzt und läßt es unter öfterem Umrühren und Wasserzugießen weichdünsten. Zuletzt etwas Zucker, Salz, Pfeffer und Essig nach Bedarf zugeben oder eine dünne Fetteinbrenne machen.

Sauerkraut, gekocht

Sauerkraut, Kümmel, Einbrenne, Kartoffeln, Mehl

Das Kraut wird in kaltem Wasser zugestellt und mit Kümmel zwei Stunden gekocht und dann mit Einbrenne oder mit Kartoffeln und Mehl verdickt, je nach Belieben, oder von beiden etwas.

Sauerkraut, gedünstet

Fett, Zwiebel, Kraut, Kümmel, Einbrenne

In einer Kasserolle reichlich Fett und Zwiebel anlaufen lassen, das Kraut und etwas Kümmel hinein und unter öfterem Umrühren und wenig Wasserzugießen weichdünsten. Zuletzt dünne Einbrenne hinein.

Schnittbohnen

Schnittbohnen, Butter/Fett, Zwiebel, Fleischsuppe, Salz, Pfeffer, Einbrenne

Von den jungen Schnittbohnen werden die beiden Enden abgeschnitten und der daran hängende Faden abgezogen, dann die Schoten in kleine Stückchen geschnitten. Man wirft sie in kochendes Wasser und läßt sie n i c h t zugedeckt kochen, damit sie grün bleiben. Wenn sie noch nicht ganz weich sind, abseihen. In einer Kasserolle etwas Butter oder Fett und ein bißchen feingeschnittene Zwiebel lichtgelb anlaufen lassen, die Schoten hinein, etwas

Kochwasser oder Fleischsuppe darauf und weichdünsten. Zuletzt noch Salz, gestoßenen Pfeffer, etwas dünne Fetteinbrenne dazu. Den Rest des Kochwassers zu Suppen verwenden.

Grüne Erbsen

Erbsenschoten, Butter, Petersilie, Zucker, Wasser, Mehl, Salz, Suppe, Ingwer

Aus den Schoten löst man die Erbsen aus und wirft sie in eine Kasserolle, in welcher man Butter mit etwas gehackter Petersilie und etwas Zucker aufschäumen läßt, gießt etwas Wasser zu, dünstet sie zugedeckt eine Viertelstunde, staubt sie mit ein wenig Mehl ein, gibt zwei Eßlöffel Wasser oder Suppe dazu und ein bißchen Salz (evtl. Ingwer).

Karfiol (Blumenkohl)

Blumenkohl, Salzwasser, Semmelbrösel, Butter

Der Blumenkohl wird abgeputzt, in kaltem Salzwasser ans Feuer gestellt und weich gekocht, das Wasser abgeseiht (und zur Suppe gegossen), der Karfiol auf einen Teller gelegt, Semmelbrösel darauf gestreut und heiße Butter darüber gegossen und gleich gegessen.

Porreegemüse

Lauch, Einbrenne, Zwiebel, Pfeffer, Kümmel, Salz

Die gut geputzten Porreestangen waschen, in halbfingerlange Stücke schneiden. Etwas Fett und Mehl zu Einbrenne hell rühren, mit Wasser aufgießen, die Stangen hineinlegen, etwas Zwiebel, Pfeffer, Kümmel, Salz und den Porree darin weichdünsten. Zwiebelgemüse ebenso machen.

Gelbe Rüben (Möhren)

Gelbe Rüben, Zwiebel, Fett, Salz, Zucker, Einbrenne, Petersilie

Diese werden gewaschen, abgeschabt, in Scheiben und dann in Nudeln geschnitten. Indes läßt man in einer Kasserolle feingeschnittene Zwiebel in Fett licht anlaufen und wirft die gelben Rüben hinein, dünstet sie eine Weile, gibt Salz, Zucker und Wasser dazu und läßt die gelben Rüben weich werden. Etwas Einbrenne, damit sie zusammenhalten. (Zucker und feingehackte Petersilie.)

Kohlrabi, gedünstet

s. „Gelbe Rüben"

Diese werden auf dieselbe Weise zugerichtet wie die gelben Rüben.

Spargel

Spargel, Salzwasser, Semmelbrösel, Butter

Der Spargel wird abgeschabt, gewaschen, in Bündel gebunden und in Salzwasser weichgekocht, abgeseiht, auf den Teller gelegt, Semmelbrösel werden auf die Spitzen gestreut und heiße Butter darübergegossen.

Schwarzwurzeln

Schwarzwurzeln, Salzwasser, Butter, Semmelbrösel

Waschen, die schwarze Rinde abschaben. In Salzwasser weichkochen, abtropfen, mit Butter begießen und mit Brösel bestreuen. Schmecken ähnlich wie Spargel. Das Kochwasser für Suppen verwenden.

Spinat, gekocht

Spinat, Fett, Zwiebel, Salz, Pfeffer/Ingwer, Einbrenne/ Sahne und Mehl

Nach gründlicher Reinigung und mehrmaligem Waschen wird der Spinat in kochendes Wasser geworfen und ohne Zudecken einigemal aufkochen lassen, so bleibt er schön grün. Abgeseiht wird er fein gehackt, bei großen Mengen durch den Fleischwolf getrieben. Unterdessen läßt man in einem Gefäß etwas Fett mit Zwiebel licht anlaufen, gibt den Spinat hinein und dazu etwas Spinatkochwasser, damit eine dickliche Masse entsteht. Würzt mit etwas Salz, Pfeffer oder Ingwer und verdickt mit etwas Einbrenne oder mit Sahne, der man etwas Mehl beimengt. Dazu reicht man meist gekochte Eier oder Spiegeleier und Kartoffeln. Das übrige Spinatwasser wird zur Suppe verwendet, indem man es mit guter lichter Einbrenne aufkocht, etwas salzt, Würze dazu gibt und mit in Fett gerösteten Brotwürfeln (oder Semmelwürfeln) zu Tisch bringt.

Spinat, gedünstet oder gedämpft

Spinat, Fett, Zwiebel, Salz, Ingwer, Einbrenne/Sahne/ Milch/Eigelb, Mehl

Der gut verlesene und gewaschene Spinat wird mit ganz wenig Wasser weich gedünstet oder im Dampfkochtopf 10 Minuten gedämpft. Nachher zerkleinert und dann in dem Gefäß weiter behandelt, in welchem man Fett und Zwiebel hat rösten lassen. Reicht der Eigensaft nicht aus, gießt man noch etwas Wasser zu, wenig Salz, Ingwergeschmack und bindet mit lichter Einbrenne oder mit Sahne oder Milch und etwas Mehl oder mit Eigelb. Als Beigabe Ei und Kartoffeln.

Linsen, gekocht

Linsen, Fett, Zwiebel, Essig, Fleischwürze

Die Linsen werden gewaschen und tags vorher in Wasser eingeweicht und am Kochtag weichgekocht. Man darf aber nicht zuviel Wasser zugießen. Sobald die Linsen weich sind, wirft man sie in eine Kasserolle, in welcher ziemlich viel Fett und etwas lichtbraun geröstete Zwiebel heiß gemacht worden ist und wendet die Linsen darin einigemal um. Man kann auch Essig dazugießen und auch einige Tropfen Fleischwürze beifügen. Dazu reichlich Salat oder Sauerkraut, nicht Fleisch, denn die Linsen vertreten mit ihrem Eiweiß das Fleisch.

Erbsen

s. „Linsen, gekocht"

... werden ebenso zubereitet, auch diese ohne Fleisch essen.

Kürbisgemüse

1000 g Kürbis, 20 g Fett, 1 Zwiebel, Paprika, Kümmel, 1/4 l Buttermilch, 1 – 2 EL Mehl, 1 EL Tomatenmark, Wasser, Salz

1000 g Kürbis werden geschält, entkernt, nudelig geschnitten und gesalzen. 20 g Fett mit einer Zwiebel anrösten, Paprika, Kümmel und den Kürbis weichdünsten. 1/4 Liter Buttermilch mit 1 bis 2 Eßlöffel Mehl verquirlen und einrühren und mit einem Eßlöffel Tomatenmark aufkochen. Wasser nach Bedarf zugeben. Salzen.

Herrenpilze und Eierschwämme gedünstet

Pilze, Fett/Butter, Zwiebel, Salz, Kümmel, Eier

Die Herrenpilze und Eierschwämme werden geputzt, gewaschen und in einer Kasserolle mit Wasser gedünstet, in welcher man Fett oder Butter mit feingeschnittener Zwiebel lichtgelb anlaufen läßt. Die größeren Eierschwämme oder die Pilze werden in Scheiben geschnitten und so lange gedünstet, bis das Wasser verkocht und nur das Fett zu sehen ist. Etwas Salz und Kümmel läßt man mitkochen. Nun schlägt man Eier in einen kleinen Topf auf, quirlt sie gut durch und gießt sie über die Schwämme. Gut mischen!

VIII. Salate

Kopf-, Feld-, Endiviensalat, Spinat

Zitronensaft/Essig, Salz, Zucker, Öl, Speck, Sauerrahm, Schnittlauch, Zwiebel, Dill

Kopf- und Feldsalat wird meist mit ganzem Blatt angeboten, Endivien und Spinat ganz fein geschnitten und wie üblich werden diese Salate mit Zitronensaft oder Essig, wenig Salz, (Zucker), Öl oder geröstetem Speck angemacht. Aber auch saure Sahne mit obigen Zutaten gibt einen guten Geschmack. Nach Belieben gibt man auch feingeschnittenen Schnittlauch, Zwiebel oder Dill zur Geschmacksaufbesserung hinzu.
Endivien soll nicht durch Auswässern der Bitterstoffe beraubt werden, die sich bei obiger Zubereitung verdecken lassen, da diese wie etwa Wermut gesundheitliche Werte darstellen.

Blattsalatgemisch

Blattsalat, Rettich, Petersilienblatt, Essig, Öl, Zucker, Salz

Blattsalat nudelig schneiden, mit Rettich, Petersilienblatt, Essig, Öl, Zucker, Salz mischen, gleich eßbar.

Blattsalat, gerieb. rohe gelbe Rüben, Dill, Petersilie, Essig, Salz, Zucker, Öl

Oder: Blattsalat, geriebene rohe gelbe Rüben, Dill oder Petersilie, Essig, Salz, Zucker, Öl.

Gurkensalat

Gurke, Essig, Salz, Pfeffer, Sauerrahm

Die Gurke wird geschält, gehobelt, mit Essig, Salz und gestoßenem Pfeffer angemacht und frisch gegessen. In manchen Gegenden gibt man etwas Sauerrahm dazu.

Tomaten-, Paradeisäpfelsalat

Tomaten, Salz, Pfeffer, Olivenöl, Soßenwürze

Die Tomaten waschen, abtrocknen, in Scheiben schneiden, etwas Salz, gestoßenen Pfeffer, Olivenöl und einige Tropfen Soßenwürze dazu und ziehen lassen.

Tomatenkörbchen

Tomaten, Öl, Zitronensaft, grüne Erbsen

Von gleich großen festen Tomaten den Stieldeckel abschneiden, aushöhlen und mit Öl und Zitronensaft bespritzen. Dann füllen mit grünen Erbsen.

Rohsalat

Gelbe Rüben, Kohlrabi, Zucker, Salz, Öl, Essig

1/3 gelbe Rüben, 2/3 Kohlrabi fein reiben, Zucker, Salz, Öl und Essig mischen, eine Stunde ziehen lassen.

Selleriesalat roh

Sellerie, Zitronensaft/ Sauerrahm, Öl, Kräuter

Den Sellerie fein hobeln oder reiben, sofort mit Zitronensaft oder saurem Rahm begießen, damit er weiß bleibt, dann mit Öl und Kräutern (Petersilie) anmachen.

Selleriesalat

Sellerie, Salz, Zwiebeln, Essig, Öl, Pfeffer

Der Sellerie wird mit der Schale weichgekocht, abgeseiht, geschält, in kleine, dünne Scheiben geschnitten, Salz, feingeschnittene Zwiebeln, Essig, Öl und gestoßener Pfeffer werden dazugemengt. Möglichst gut durchziehen lassen.

Bohnensalat

Bohnen, Essig, Öl, Salz, Pfeffer

Die Bohnen abends in Wasser einweichen. Man kocht die Bohnen, bis sie weich sind, seiht sie ab, macht sie mit Essig, Salz, gestoßenem Pfeffer, Öl und etwas Kochwasser an. Rest zu Suppen verwerten.

Karfiolsalat-Blumenkohl

Blumenkohl, Essig, Öl

Der Karfiol wird in Salzwasser weichgekocht, abgeseiht, mit Essig und Öl und etwas Kochwasser übergossen. Kochwasser zur Suppe verwenden.

Blumenkohlsalat (Karfiol)

Petersilie, (Schnittlauch), Gewürzgurken, Zwiebel, Salz

Blumenkohl in Salzwasser nicht zu weich kochen, in Würfel schneiden, Petersilie fein hacken (oder Schnittlauch), Gewürzgurken, Zwiebel, Essig, Salz, Öl.

Mischsalat

Gurke, Weißkraut, Salz, Zwiebel, Petersilie, Essig, Salz, Öl

1/3 Gurke, 2/3 Weißkraut. Letzteres roh fein schneiden, mit etwas Salz in einem Gefäß stampfen, damit es weich wird, eine Stunde stehen lassen. Dann die feingehobelte Gurke, Zwiebel, Petersilienblatt, Essig und Salz (Öl); alles gut mischen.

Rotkrautsalat

Rotkraut, Speisesoda, Essig, Salz, Zwiebeln, Äpfel, Pfeffer

Das geschnittene Rotkraut wird in wenig Wasser weichgekocht, in welches man etwas Speisesoda gibt, damit das Kraut die rote Farbe behält. Dann wird es mit Essig übergossen, mit Salz, feingehackter Zwiebel, feingeschnittenem Apfel und gestoßenem Pfeffer gut vermengt, über Nacht stehen gelassen.

Weißkrautsalat

Weißkraut, Weinessig, Zwiebel, Salz, Pfeffer

Häuptelkraut wird zerschnitten, in Salzwasser weichgekocht und etwas Wasser abgeseiht, Weinessig darüber gegossen, feingehackte Zwiebel dazugemischt, Salz, feingestoßenen Pfeffer dazugeben. Kalt oder warm eßbar.

Gemischter Salat

250 g Sauerkraut, je 250 g Tomaten und Äpfel, 1 Zwiebel, Mayonnaise

250 g Sauerkraut, 250 g Tomaten, 250 g Äpfel, eine Zwiebel fein schneiden und Mayonnaise anmachen. 2 bis 3 Stunden ziehen lassen. Bergartig anrichten und mit zarten Salatblättchen und Tomatenscheiben verzieren.

Rohkostplatte

Sellerie, Kohlrabi, gelbe Rüben, Blumenkohl, Tomaten, Petersilie

Sellerie-, Kohlrabi-, gelbe-Rüben-, Blumenkohl-, Tomaten-Salat werden einzeln angemacht und hübsch auf einer Platte geordnet. Als Randverzierung etwas Petersilie.

Kartoffelsalat, saftig

1000 g gekochte Kartoffeln, Wasser, Essig, Öl, Salz, Zucker, Senf, Zwiebel, Pfeffer, Fisch-, Fleischreste

Für 1000 g gekochte, geschälte Kartoffeln bereitet man den Saft mit 1/4 Liter warmen Wasser, Essig, Öl, Salz, etwas Zucker, Senf, Zwiebel, Pfeffer und gibt die in Scheiben geschnittenen Kartoffeln in die Soße, läßt den Salat einige Stunden stehen und reicht ihn warm oder kalt. Schmeckt zu allerlei Fisch- und Fleischresten sehr gut.

Champignonsalat

Champignons, Zwiebel, Petersilie, Schnittlauch, Öl, Zitronensaft, Sauerrahm

Frische Champignons putzen, in feine Scheiben schneiden, mit gehackter Zwiebel, Petersilie, Schnittlauch, Öl, Zitronensaftt oder Sauerrahm anmachen.

Fliegenschwamm

harte Eier, Tomate, Kartoffeln

... aus hartgekochten Eiern als Salatzierde. Vom hartgekochten Ei schneidet man die Spitze ab und hackt das Eiweiß in Stückchen. Man schneidet bei einer festen Tomate den Stilboden ab und setzt ihn auf das aufgestellte harte Ei, bestreicht die Tomate mit Eiweiß und streut die Eiweißstückchen darauf. Kleine Tomaten setzt man auf stilförmig geschnittene, gekochte Kartoffeln.

Welscher Salat

Kalbfleischreste, Rindfleisch, Wurst, Kartoffeln, Gurken, Sardellen, Eiertunke

Kalte Kalbfleischreste, Rindfleisch, Wurst, Kartoffeln, Gurken, Sardellen, fein geschnitten, vermengen, kalte Eiertunke darunter. (Siehe kalte Eiertunke.)

Rindfleischsalat

Rindfleischreste, Zwiebel, harte Eier, Salz, Pfeffer, Essig, Öl

Kalte Rindfleischreste werden mit feingehackter Zwiebel, kleingeschnittenen, harten Eiern, Salz, gestoßenem Pfeffer und Essig (Öl) angemacht und einige Stunden stehengelassen.

Fischsalat

kalte Fischreste, Essig, Öl, Soßenwürze, Pfeffer, Salz, Senf, gek. Eigelb, Kartoffeln

... läßt sich aus kalten Fischresten leicht und einfach zubereiten und dient als wohlschmeckendes Gericht am besten zum Abendessen. Man pflückt das gekochte Fischfleisch in kleinen Flocken aus den Gräten und macht es mit Essig, Öl, einigen Tropfen Soßenwürze, Pfeffer und Salz und einer Messerspitze Senf an. Auch kann man unter diese Salatsoße ein gekochtes Eigelb rühren. Zum Strecken Kartoffeln nehmen.

Marinierte Heringe

Heringe, Wasser/Milch, Öl, Essig, süßer Rahm, Zwiebeln, gelbe Rübe, Butter, Kapern, Nelken, Pfefferkörner, Gurke, Pilze

Acht Heringe in Wasser gut abwaschen, die Haut abziehen und einen Tag in Wasser oder Milch liegen lassen. Nun öffnet man die Heringe, nimmt die Milch oder den Rogen aus dem Bauch heraus und rührt ihn in einer Schüssel gut ab, gibt etwas Öl und Essig dazu, später 1/2 Liter süßen Rahm. Nun dünstet man zwei Zwiebeln, eine gelbe Rübe, feingeschnitten, in Butter weich und gibt alles in einen irdenen Topf, gibt noch einen Teelöffel Kapern, fünf Nelken, acht Pfefferkörner, eine Gurke, kleingeschnitte und kleine eingelegte Herrenpilze dazu. Läßt dann alles an einem kühlem Ort stehen. Ist in drei Tagen eßbar.

IX. Mehl- und Süßspeisen

Tag- und Nacht-Mehlspeise

s. „Grießauflauf", Kakao/ 2 Tafeln Schokolade, Zucker

Die Reismasse wird so zubereitet wie die vom Grießauflauf. Eine Hälfte der Masse gibt man in die befettete Form, legt Apfelscheiben oder anderes Obst darauf und nun gibt man die zweite Hälfte des Teiges darauf, unter die man etwas Kakao oder zwei geriebene Tafeln Schokolade verrührt hat. Das Ganze wird als zweifarbige Speise gebacken und mit Zucker bestreut serviert.

Omeletten

1/2 l Milch, Salz, 1/4 Päckchen Backpulver, 2 Eier, 6 EL Mehl, Fett, Zucker, Zimt, Marmelade/Powidl

In einen halben Liter gute Milch, zwei Eigelb und etwas Salz einquirlen, 1/4 Müller's Karlsbader Backpulver, zwei Eischnee, 6 Eßlöffel Mehl (oder nach Bedarf etwas mehr). Die Omelettenform wird auf die heiße Platte gestellt, mit Fett ausgeschmiert, der Teig ganz dünn hineingegossen, auf beiden Seiten gebacken und mit Fett bestrichen, mit Zucker und Zimt bestreut oder mit Marmelade oder Powidel bestrichen und zusammengerollt. Zuletzt die gerollten Omeletten mit Zucker bestreuen.

Topfen-Omeletten, gebacken

s. „Omeletten", Rosinen

Die Omeletten, wie vorher gebacken, mit Topfenfülle und Rosinen bestrichen, eingerollt in eine befettete Pfanne nebeneinander gelegt und im Rohr gebacken. (Topfenfülle siehe „Topfen-Quark-Fülle").

Knödel von Zwetschken oder anderem Obst

1/8 l Wasser, Salz, 1 Ei, Mehl, Früchte nach Belieben, Semmelbrösel, Butter, Käse, Zucker

1/8 Liter laues Wasser mit einem Ei und etwas Salz gut verquirlen, Mehl darangeben, so daß ein mittelfester Teig wird, auswalken, Vierecke schneiden, die frischen oder aufgekochten gedörrten Zwetschken, Kirschen, Rhabarber, Heidelbeeren etc. in den Teig einwickeln und in kochendes Wasser werfen. Sobald die Knödel schwimmen, mit einem Kochlöffel herausnehmen, damit kein Wasser in den Teller kommt. Semmelbrösel, heiße Butter und geriebenen Käse (Topfen) darüber und zuletzt Zucker.

Powidelknödel, Rhabarber, Obst

1000 g Kartoffeln, 500 g Grieß, Salz, Mehl, Fett, Zucker, Mus nach Belieben

1000 g Kartoffeln frisch kochen, schälen und auf das Brett legen, sofort 1/2 Liter Grieß, etwas Salz darüber streuen und mit dem Nudelwalker fest durchkneten, damit der Grieß gebrüht wird. Man kann auch etwas Mehl einstreuen. Scheiben schneiden, Rhabarber-, Obst- oder Zwetschkenmus darauf und Knödel formen, in Salzwasser acht Minuten kochen. Herausnehmen, mit einem Pinsel mit Fett bestreichen, damit sie nicht zusammenkleben, mit Zucker bestreut reichen.

Powidel-, (Zwetschgenmus-)Taschen

300 g Mehl, 1 Ei, Milch, Salz, Fett, Zucker, Zimt, Brösel, Käse, Mohn nach Belieben

300 g Mehl, ein Ei, etwas Milch und Salz zu einem festen Teig verarbeiten. Auswalken, Vierecke (10 x 10 cm) schneiden und mit Powidel belegen, über die Ecke zusammenlegen, so daß Dreiecke und Vierecke daraus entstehen. In siedendem Wasser kochen, bis sie schwimmen. Herausnehmen, mit Fett bestreichen und mit Zucker reichen. (Zimt, Brösel, Reibkäse oder Mohn dazu.)

Germknödel mit Mohn und Zucker

500 g Mehl, 50 g Margarine, 2 EL Zucker, 20 g Germ (Hefe), 1 Ei, etwa 1/4 (bis 3/8) l Milch, Salz, geriebene Zitronenschale, Powidl, etwas Rum , Puderzukker, Mohn (oder Nüsse)

Germteig mit Dampfel wie üblich zubereiten. Mit Powidl, Rum und Zucker verrühren. Den Teig ausrollen, in Quadrate radeln, auf jedes etwas Powidl geben und Knödel formen; zugedeckt (glatte Seite nach oben) gehen lassen.
Mit der glatten Seite nach unten in kochendes Salzwasser einlegen, zugedeckt fünf Minuten langsam kochen lassen.
Knödel einzeln umdrehen, mit einer Stricknadel 2 bis 3 mal anstechen, dann bei offenem Geschirr sechs Minuten weiterkochen.

Semmelschmarren

6 – 8 Semmeln, Äpfel, 1/2 l Milch, 3 EL Zucker, 1 – 2 Eier, Vanillezucker, Zitronenschale

6 bis 8 Semmel werden in Scheiben geschnitten, Äpfel geschält und ebenfalls in feine Scheiben geschnitten. In eine befettete Kasserolle legt man abwechselnd eine Schicht Semmel, eine Schicht Äpfel, bis oben Äpfel sind, quirlt 1/2 Liter gute Milch mit 3 Eßlöffel Zucker, 1 bis 2 Eier und etwas Vanille oder Zitronenschale und gießt dieses über die Semmeln in der Kasselrolle und bäckt es aus (1/2 – 3/4 Stunde).

Scheiterhaufen

8 – 10 Semmeln, Äpfel, Birnen, anderes Obst, 3/4 l Milch, 2 Eier, 100 g Zucker, Vanille, Zitrone, Butter

8 bis 10 ältere Semmeln in Scheiben schneiden, ebenso Äpfel oder Birnen, anderes Obst kann ganz bleiben. 3/4 Liter Milch, zwei Eier, 100 g Zucker werden mit Vanille oder Zitronengeschmack gut verquirlt und über die Semmeln gegossen. In eine befettete Form legt man zuerst Semmeln, dann abwechselnd Obst und Semmeln, oben Semmeln und gießt zuletzt noch die restliche Milch darüber. Obenauf Butterflocken. Bäckt das eine 3/4 Stunde im Rohr und reicht es mit Zucker.

Grießbrei

Milch, Grieß, Salz, Butter, Zucker, Zimt, Kakao, Schokolade nach Belieben

In die kochende Milch läßt man den Grieß ganz langsam unter ständigem Umrühren einlaufen, salzt etwas und rührt ihn dann noch 10 Minuten, bei größeren Mengen länger, damit er sich am Boden nicht anlegt. Manche Hausfrau süßt ihn dann gleich, andere reichen den Brei mit Butter, Zucker oder Zimt und Kakao (oder andere Schokolade gerieben).
Rezept auch geeignet für: Reis-, Graupen-, Hirse-, Maisbrei!
Die Zubereitung ist wie beim Grießbrei, nur werden diese vier Arten vorher mit etwas Wasser angekocht und dann erst Milch zugegossen, dann unter ständigem Rühren fertig weichgekocht.

Grießauflauf

1/2 l Milch, 250 g Grieß, Salz, 100 g Butter, 1 – 2 Eier,150 g Zucker, Zitronenschale, Marmelade/ Obst nach Belieben

In 1/2 Liter kochende Milch gießt man 250 g Grieß langsam unter ständigem Umrühren ein und salzt ein wenig. Ist der Grieß aufgekocht, wird er von der Platte weggestellt. Nun rührt man 100 g Butter mit 1 bis 2 Eigelb und 150 g Zucker tüchtig ab, gibt dann löffelweise den Grießbrei und den Schnee von den Eiweiß hinein, etwas Zitronenschale, füllt diese Masse in eine gut befettete Form und bäckt sie 1/2 bis 1 Stunde. Man kann auch mit Marmelade oder Obst füllen.

Reisauflauf

s. „Grießauflauf"

... wird ebenso bereitet wie Grießauflauf, nur muß der Reis weichgekocht sein.

Apfelschnee für Kinder

4 – 6 Äpfel,
250 g Zucker,
Zitronensaft
und -schale,
2 Eiweiß,
Marmelade

Von 4 bis 6 großen, gebratenen Äpfeln nimmt man das weiße Fleisch, drückt es durch einen Seiher oder ein Sieb und rührt dies mit 250 g Zucker eine halbe Stunde ab, gibt dann etwas Zitronensaft und Schale dazu, von zwei Eiern den Schnee und rührt bis zu einer Stunde weiter. Es wird eine weiße, schaumige Masse. Man gibt sie in eine Schüssel, streicht sie glatt und macht mit dem Löffel kleine Löcher, in welche man Marmelade gibt.
Schmeckt erfrischend.

Kalte, feine Creme zu Waffeln

1/2 l süßer Rahm,
Vanilleschote,
6 Eigelb,
250 g Zucker,
1/2 l Schlagsahne,
Gelatine

1/2 Liter guten, süßen Rahm mit einem Stückchen Vanilleschote 1/4 Stunde kochen, die Vanille herausnehmen; währenddessen 6 Eigelb mit 250 g Zucker 1/2 Stunde abtreiben in einer irdenen Schüssel, welche man dann auf die warme Ofenplatte stellt. Nachdem der Rahm ausgekühlt ist, gießt man ihn nach und nach ins Eigelb, während man fortwährend rührt, bis eine schaumige Masse entsteht. Dann wegstellen und kalt rühren und nachher fast 1/2 Liter Schlagsahne fest schlagen und löffelweise unter die Creme mengen. Zuletzt fünf Blatt Gelatine, die man in zwei Eßlöffel lauwarmem Wasser aufweicht, daruntermischen. Füllt man diese Creme in Glasschüsseln und gibt sie in ein Gefäß mit Eis, das mit Salz bestreut wird, so gibt es eine erfrischende Speise. Längliche Waffeln dazu reichen.

Weincreme (Chaudeau)

1/4 l Weißwein, 3 EL Zucker, Zitronenschale, Vanille, 5 Eier, Biskuit

1/4 Liter Weißwein mit Zucker nach Belieben (etwa 3 Eßlöffel), etwas feingeriebene Zitronenschale, Vanille und 5 Eigelb in einem irdenen Topf auf dem Feuer tüchtig quirlen. Sobald die Creme dicklich wird, von der heißen Platte wegstellen und weiterrühren. Von 5 Eiweiß den Schnee schlagen und leicht darunterrühren. In eine Schüssel legt man in Würfel geschnittene Biskuit und gießt die Creme darüber.

Eiercreme mit Rum

1/2 l Milch, 2 – 3 EL Zucker, 5 Eigelb, Vanilleschote, Zitronenschale, Rum, Kognak, Biskuit

In 1/4 Liter Milch quirlt man 2 bis 3 Eßlöffel Zucker, 5 Eigelb, ein Stückchen Vanilleschote und etwas feingeriebene Zitronenschale und quirlt dies fortwährend am heißen Herd. bis es dicklich wird, zieht es rasch zurück und quirlt die Creme in kaltem Wasser, bis sie fast kalt ist. Bevor die Masse ins Wasserbad kommt, gießt man Rum und Kognak dazu, 2 bis 3 Eßlöffel oder weniger. Diese Creme gießt man über den würfelig geschnittenen Biskuit, sie macht alles sehr saftig.

Erdbeer- oder Himbeerschaum

2 – 3 EL Erdbeer- oder Himbeermarmelade, Zitronensaft

2 bis 3 Eßöffel Erdbeer- oder Himbeermarmelade in Schlagsahne mengen und solange rühren, bis die Masse steif ist. Zitronensaft dazu geben.

Apfel-Marmeladeschaum

2 Eiweiß,
2 EL Marmelade,
200 g Zucker,
500 g Äpfel, 1/2 Zitrone,
50 g Rosinen

In den festen Schnee von zwei Eiweiß rührt man zwei Eßlöffel guter Marmelade, 200 g Zucker und 500 g gebratene, durch das Sieb gedrückte Äpfel, bis die Masse schaumig ist. Zitronenschale und Saft 1/2 Zitrone verfeinert den Geschmack. Zuletzt 50 g Rosinen. Bis zum Auftragen kaltstellen.

Schaumspeise

1 Eiweiß, 1/4 l Obstsaft,
250 g Zucker

Kurz vor Gebrauch schlägt man ein Eiweiß, eine Tasse (1/4 l) Obstsaft und eine Tasse (250 g) Zucker mit dem Schneebesen so lange, bis sich die Masse schneiden läßt. Man kann Saft von ausgepreßtem oder eingewecktem Obst, Wein oder Süßmost verwenden. Bei etwas säuerlichem Geschmack empfiehlt es sich, etwas mehr Zucker zuzugeben, damit der Schaum steif wird.

Kalter Grieß

3/4 l Milch, 2 EL Zukker, Zitronenschale,
Salz, 100 g Grieß,
Marmelade/Obstsaft,
Schokolade,
Himbeermarmelade

In 3/4 Liter Milch, zwei Eßlöffel Zucker, etwas Zitronenschale und Salz kocht man 100 g Grieß ein und läßt ihn 10 Minuten aufkochen. Noch warm in eine Form geben, mit Marmelade oder Obstsaft reichen oder man läßt einen Teil weiß, vermischt einen Teil mit Himbeermarmelade und einen Teil mit einer Tafel erweichter Schokolade und verziert oben die kalte Masse mit einem Schaum (siehe Schaum).

X. Teige, Torten und Kuchen, Gebäck

Teige

Kuchen und Torten

Gebäck

Hefeteigbereitung

Zu merken ist: Die Hefe wird in lauwarmer Flüssigkeit (Wasser, Milch) aufgelöst. In kalter Flüssigkeit geht sie nicht auf, in heißer wird sie verbrüht und sie geht auch nicht mehr auf. Gibt man etwas Zucker zum Auflösen dazu, geht die Hefe rasch auf. Bei einfachem Teig genügen 10 g Hefe auf 500 g Mehl; je mehr Fettstoff, Zucker, Ei, Rosinen, Mandeln usw. in den Teig kommen, desto mehr Hefe ist für 500 g Mehl nötig. Das Hefemaß ist in den Anleitungen meist angeführt.

Herstellung des Hefeteiges für 500 g Mehl

In ein kleines Gefäß gießt man etwa 1/8 Liter lauwarme Milch (Wasser), gibt die Hefe hinein und rührt um, damit sie sich auflöst, quirlt dann 1-2 Eßlöffel Mehl dazu und läßt die Hefe aufgehen oder man macht in dem Mehl in der Schüssel eine Vertiefung und gießt die Hefe hinein. Ist sie hoch aufgegangen oder zusammengefallen, wird der Teig fertig gemacht. Man gibt 1/2 Teelöffel Salz dazu, etwa 1/4 Liter lauwarme Flüssigkeit oder mehr und knetet nun mit dem Holzlöffel den Teig durch. (Kommt bei besserem Teig Fettstoff dazu, so wird dieser etwas erweicht, damit er sich gut untermengt und wird erst dann zum Teig gegeben, wenn das Mehl mit dem Zucker und der Flüssigkeit ziemlich verrührt ist. Bei solchem Teig ist dann weniger Flüssigkeit nötig.
Die gewaschenen Rosinen werden erst zuletzt unter den Teig gemengt. Wieviel Flüssigkeit nötig ist, richtet sich auch nach der Art des Mehles, glattes saugt weniger, griffiges mehr Flüssigkeit auf. Der Teig muß für Knödel (Klöße), für Striezel und Gebäck, das frei aufs Backblech gelegt wird, ziemlich fest bereitet werden.

Kommt der Teig in Formen, kann er lockerer sein, gilt auch für Kuchen. Ist der Teig in der Schüssel tüchtig abgeschlagen worden, entsteht ein lockeres, gutes Gebäck. Nun kann man mit dem Teig auf 2 Arten zum Backen beginnen. 1. Art: Hausfrauen, die Zeit sparen wollen, nehmen den Teig nun gleich auf das bemehlte Brett, geben dem Teig die gewünschte Form und lassen ihn am Backblech, in der Backform aufgehen und backen sofort fertig.
2. Art: Der Teig wird mit der Schüssel in Ofennähe zum Aufgehen weggestellt, mit Mehl bestäubt, damit sich keine Hautkruste bildet und bei kühler Witterung wegen der Zugluft leicht mit einem Tuch zugedeckt. Das Aufgehen des Teiges kann bei größeren Mengen 1 bis 1 1/2 Stunden dauern. Falls der Teig zusammenfällt, schadet das nicht, sobald Mehl dazu geknetet wird, geht er wieder auf, nur auskühlen darf er nicht.

Für Kleingebäck werden kleine Teilchen abgeschnitten, mit wenig Mehl gerollt, geformt und aufs befettete Blech gelegt. Ein wenig aufgehen lassen, mit Milch, Fettstoff oder Ei (in Milch verquirlt) bestreichen und sofort in gut geheizter Röhre backen. Wohlgemerkt, der Teig darf nicht zu hoch aufgegangen sein, wenn er ins Rohr kommt, da er anfangs auch im Rohr noch weiter aufgeht. Kleingebäck ist in 15-20 Minuten gebacken. Großgebäcke brauchen bis 1 Stunde.

Für Großgebäck wird der Teig mit etwas Mehl am Brett geknetet und geformt aufs Blech gelegt oder in die bestimmte befettete Form gegeben. Aufgehen lassen und weitere Behandlung wie bei Kleingebäck beschrieben.

Für Kuchen walkt man den Teig aus, legt diesen auf das befettete Blech und drückt seitwärts den Rand etwas mit den Fingern ab. Der Teig wird mit Milch oder Ei bestrichen. Dann gibt man auf den Teig die gewünschte Auflage. Ist der Kuchenrand etwas aufgegangen, so schiebt man den Kuchen ins Rohr und bäckt ihn. Man achtet bei Kuchen auch darauf, ob er unten gelbbraun gebacken ist, indem man ihn mit dem Messer seitwärts etwas aufhebt.

Hefeteig zu Buchteln

1 El Zucker, Fett, Milch, 25 g Hefe, 1000 g Mehl, Salz

Für gewöhnlichen Gebrauch nimmt man 1 Löffel Zucker und etwas Fett, macht einen Teig mit Milch, 25 g Hefe auf 1000 g Mehl und etwas Salz und bäckt nach 2 Stunden den mit Milch bestrichenen Teig aus. Diese Buchteln sind schmackhaft und saftig. (Hier sagt man: gebackene Knödel).

Hefeteig, besserer

1000 g Mehl, 1/4 l warme Milch, 30 g Hefe, Mehl, 180 g Zucker, Salz, Zitronenschale, 1 Ei, 2 EL Butter/Schmalz

In eine Schüssel 1000 g Mehl geben. in 1/4 Liter warmer Milch 30 g Hefe auflösen und Mehl dazu und aufgehen lassen. Zur Teigbereitung gibt man 180 g Zucker, etwas Salz, Zitronenschale, 1 ganzes Ei und 2 Eßlöffel Butter (besser Schmalz), auf der Platte aufgelöst. Warme Milch und alle Zutaten ins Mehl einkneten, gut abschlagen, Mehl darüber streuen und 1 – 1 1/2 Stunden gehen lassen. Dann benützt man den Teig für allerlei Gebäck. Bevor er in die Röhre kommt, wird er mit Milch bestrichen. Man macht aus dem Teig gefüllte Buchteln, kleine fingerlange Striezel, gefüllte Semmeln, Brezeln, Schnecken, gefüllt und ungefüllt, geschlungene Kranzel usw.

Hefeteig zu Knödeln (Klöße)

500 g Mehl, 10 g Hefe, Milch/Wasser, Ei, Salz

500 g Mehl, 10 g Hefe, Milch oder Wasser, (Ei), Salz. Der Teig muß fest gehalten sein. Nach dem Aufgehen formt man kleinere oder größere Knödel, läßt sie etwas aufgehen und legt sie in kochendes Wasser, deckt sie zu und läßt sie 10 Minuten kochen, dann umdre-

hen und noch eine Weile kochen. Große Knödel kocht man 20 Minuten, kleine 10-12 Minuten. Nach dem Herausnehmen mit 2 Gabeln zerreißen oder mit einem Bindfaden zerschneiden, nie mit dem Messer. Das muß rasch geschehen, sonst fallen die Knödel zusammen. Die Knödel werden dann in eine Schüssel gelegt und mit einem sauberen Handtuch zugedeckt, damit der abgehende Dampf aufgefangen wird, dann erst den Deckel darauf, falls nicht gleich aufgeteilt wird.

Kuchenteig, besserer mit verschiedenen Nußfüllungen

1000 g Mehl, 180 g Zucker,200 g Schmalz, 35 g Hefe, Zitronenschale von 1/2 Zitrone, 3 Eigelb

Zu 1000 g Mehl, 180 g Zucker, 200 g Schmalz, 35 g Hefe, Zitronenschale von 1/2 Zitrone, 3 Eigelb.

Zubereitung der Fülle für Buchteln oder der Oberschicht für Kuchen:

Mandel- oder Nußfülle Nr. 1

140 g Zucker, 10 EL Wasser, 200 g Nüsse, Vanille

Man kocht 140 g Zucker mit 10 Eßlöffel Wasser und gibt 200 g feingeriebene Nüsse und etwas Vanille hinein.

Mandel- oder Nußfülle Nr. 2

3 Eier, 140 g Zucker, 140 g Nüsse, Vanillezucker

3 Eigelb mit 140 g Zucker 1/4 Stunde abrühren, 140 g feingeriebene Nüsse und zuletzt den Schnee von 3 Eiweiß. (Vanillezucker).

Mandel- oder Nußfülle Nr. 3

10 EL süßer Rahm, 3 Eigelb, 140 g Zucker, 140 g Mandeln, Vanillezucker

10 Eßlöffel süßen Rahm mit 3 Eigelb gut abquirlen, 140 g Zucker, 140 g feingeriebene Mandeln, Vanillezucker.

Butterteig, einfach

280 g Mehl, 280 g Butter, 2 Eigelb, 1/2 EL Zitronensaft, 1 MS Salz, 6 EL Wasser

280 g Mehl in zwei Teile teilen. Mit einem Teil und 280 g Butter an kühlem Ort einen festen Teig kneten, in ein kaltes, nasses Tuch einschlagen und an einen kühlen Ort stellen. Der 2. Teil Mehl wird mit 2 Eigelb, 1/2 Eßlöffel Zitronensaft, 1 Messerspitze Salz, 6 Eßlöffeln Wasser mittels eines Messers zu einem Teig verarbeitet und tüchtig abgeschlagen, dann etwas Mehl dazugegeben, damit er sich auswalken läßt. Auch die Buttermasse wird nun ausgewalkt, auf den Eierteig gelegt, einigemal zusammengelegt, in ein nasses Tuch gehüllt und 2 Stunden oder über Nacht an kühlem Ort aufbewahrt. Dann walkt man die Hälfte des Teiges etwas aus und schlägt nun mit dem Nudelwalker darauf, ohne weiter zu walken, so daß der Teig auseinandergeht, schlägt ihn noch viermal zusammen, walkt ihn endlich dünn oder dick aus, je nachdem, wie man ihn braucht, und verwendet ihn zu Cremerollen oder Apfelschnitten.

Butterteig, fein

280 g Mehl, 6-8 EL Rahm, 2 Eigelb, Zucker, Salz, 280 g Butter

180 g Mehl werden mit 6-8 Eßlöffeln Rahm, 2 Eigelb, etwas Zucker und Salz zu einem zähen Teig angemacht und fest abgeschlagen, am besten mit dem Kochlöffel in einer Schüssel. 280 g Butter, in Scheiben geschnitten, werden in 100 g Mehl getaucht, auf einen Teller gelegt und kühlgestellt. Nach 2 Stunden wird der Eierteig auf dem Nudelbrett ausgewalkt, die Butterblättchen daraufgelegt und beide 4-6 mal überschlagen und ausgewalkt.

Wiener Butterteig

500 g Mehl,
1 Ei,
2 Eigelb,
Saft 1 Zitrone,
Salz, Rum, Essig,
1/8 l Weißwein,
250 g Butter

Man macht von 250 g Mehl, 1 ganzen Ei, 2 Eigelb, dem Saft 1 Zitrone, bißchen Salz, Rum, Essig und 1/8 Liter Weißwein einen Strudelteig, knetet 250 g Mehl und 250 g Butter ein, walkt den Strudelteig aus und halb so groß den Buttermehlteig, legt ihn auf den Strudelteig und schlägt ihn einigemal zusammen, läßt ihn 2 Stunden ruhen und walkt nun den Teig noch dreimal auseinander oder schlägt ihn mit dem Nudelwalker auseinander und wieder zusammen. Zuletzt einen Teil auswalken und in Streifen schneiden, die 30 mal 3 cm sind, und auf die Formen rollen für Cremerollen oder in Streifen für anderes Gebäck wie Schnitten oder Äpfel im Schlafrock.

Kartoffelmürbteig

75 g Butter oder Margarine,
1 Ei, 200 g Zucker,
250 g gekochte Kartoffeln,
250 g Mehl,
1 P. Backpulver,
1 Prise Salz,
Schale einer halben Zitrone

Fett zergehen lassen, lauwarm mit Ei und Zucker schaumig rühren. Kartoffeln abpellen und durch den Fleischwolf drehen. Nach und nach Kartoffelmasse und das mit Backpulver gemischte Mehl zum Fett geben, Salz und Zitronenschale hinzufügen. Alles schnell miteinander verkneten. Den Teig 30-40 Min. kühl ruhen lassen und zu Kleingebäck weiterverarbeiten.

Zubereitung von Biskuitmassen für Torten und Kuchen

Die Masse wird aus Eiern, Zucker und Mehl hergestellt und ist eine der gebräuchlichsten Mehlspeisen und Tortenmassen. Die Herstellungsweise ist aber verschieden, wie wir aus nachfolgenden Angaben ersehen werden. Ist die Masse aber gut abgerührt (20 bis 30 Minuten) und gibt man etwas Backpulver dazu, so ergibt sie ein Gebäck, welches locker und gut durchgebacken sein muß. Vor allem muß man aufmerksam sein, daß eine Röhre, in welche die Biskuitmasse zum Backen gegeben wird, nicht zu heiß sein darf, denn der Teig soll sich ja heben, soll aufgehen. Ferner ist es ratsam, die ersten 10 Minuten nicht die Röhre aufzumachen, da sonst die Hitze hinausgeht und der Teig nicht aufgeht. Sollte nach 20 Minuten die hintere Seite dunkler gefärbt sein, so kann man nun die Form wenden. Sobald man nach 1/2 Stunde merkt, daß sich das Gebackene vom Tortenblech oben loslöst, so ist die Zwiebackmasse ausgebacken. Nun wird das Gebackene mit der Form gestürzt und zum Auskühlen weggestellt.

Verschiedene Biskuitmassen und Tortenunterlagen

1. 3 Eier, 100 g Mehl, 110 g Zucker: 3 Eigelb mit 110 g Zucker 20 Minuten schaumig rühren, den Schnee von 3 Eiweiß und das Mehl mit 1/4 Päckchen Backpulver leicht darunterrühren.
2. 3 Eier, 100 g Zucker, 110 g Mehl: 3 ganze Eier mit 100 g Zucker in einem Topf schaumig schlagen, 20 Minuten lang, 1/4 Päckchen Backpulver und das Mehl dazu und backen.

3. 3 Eier, 100 g Zucker, 110 g Mehl: 2 Eigelb, 1 ganzes Ei und 100 g Zucker 20 Minuten abrühren, den Schnee von 2 Eiweiß und 110 g Mehl mit 1/4 Päckchen Backpulver leicht darunterrühren.
4. 4 Eier, 150 g Zucker, 150 g Mehl: 4 Eigelb mit 150 g Zucker 20 Minuten abrühren, den Schnee von 4 Eiweiß und das Mehl mit 1/2 Päckchen Backpulver leicht darunterrühren.
5. 6 Eier, 220 g Zucker, 220 g Mehl: 4 Eigelb und 2 ganze Eier mit 220 g Zucker 20 Minuten abrühren, den Schnee von 4 Eiweiß und das Mehl mit 1/2 Päckchen Backpulver leicht darunterrühren.
6. 8 Eier, 300 g Zucker, 300 g Mehl: 8 Eigelb mit dem Zucker schaumig rühren (20 Minuten), den Schnee von 8 Eiweiß und das Mehl mit 1/2 Päckchen Backpulver leicht darunterrühren.
7. 4 Eigelb mit 140 g Zucker abtreiben, dazu 70 g Kartoffelmehl, 70 g Weizenmehl und 4 Eischnee. In der Form backen, wird locker.
8. Billige Kuchenunterlage: 30 g Butter, 1 Tasse Mehl, 1 Tasse Haferflocken, 1/2 Tasse Zucker, 1 Ei, 5 Eßlöffel Milch, 1 Teelöffel Backpulver oder 1 Messerspitze Hirschhornsalz und etwas Geschmackstoff. Alles zu einem lockeren Teig vermengen und backen.
9. Unterlage für Torte mit Schaum: 2 Eier, 120 g Zucker, 100 g Butter abtreiben, dann abwechselnd 150 g Haferflocken, 1/4 l Milch und 300 g Mehl mit 1 Päckchen Backpulver vermischt dazugeben. In einer Form backen, Marmelade oder Obst und dann einen Schaum darauf.

Triester Masse, ganz weiß, als Zwischeneinlage zu Torten. Man schlägt den Schnee von 2 Eiweiß und kocht 2 Eßlöffel Wasser mit 100 g Zucker auf der Herdplatte auf, so daß ein dickflüssiger Zucker entsteht, diesen gießt man langsam in den noch weiter zu schlagenden Schnee und gibt dann 20 g geschälte, feingeriebene Mandeln dazu. In einer gefetteten Form langsam backen, so daß die Masse weiß bleibt.

Diese Massen werden dann nach Bedarf für größere und kleinere Torten gewählt. Nun kann man eine große Anzahl von Torten aus der Biskuitmasse herstellen, welche je nach Belieben verschiedene Füllungen und Übergüsse haben. Diese Torten haben keinen besonderen Namen und werden unter „Einfache Biskuit-Torten" zusammengefaßt.

Herstellung der Torten

Sobald eine Tortenmasse ausgekühlt ist, wird sie in 2 oder 3 Teile geschnitten, auf die einzelnen Teile wird die Füllmasse aufgetragen und obenauf legt man den Boden der Tortenmasse, der meist schön glatt und für den Überguß bestimmt ist. Nun wird der Überguß aufgetragen und die Torte ist fertig.

Die folgende Tabelle zeigt genau an, welch große Anzahl Biskuit-Torten hergestellt werden können, die Zubereitungsweise der Fülle und des Übergusses folgt nach. Soll die Biskuitmasse rosa gefärbt sein, verwendet man entsprechende Lebensmittelfarben. Braun färbt man durch Zugabe von 1 Eßlöffel Kakao zum Teig.

Gemischtfarbige Torten

Man bäckt einige Tortenmassen in gleichgroßer Form aus und läßt eine Biskuitmasse weiß. Zu einer Teigmasse gibt man 1 – 2 Eßlöffel Kakao, je nachdem, wie dunkel man das Gebackene will, eine Masse färbt man mit rosa Lebensmittelfarben. Nachfolgend einige Beispiele, wie das Gebackene von unten nach oben gelegt wird, dazwischen die Fülle und oben der Überguß und die Verzierung.

Nr. 1. Überguß: Rosa Eiweißüberguß mit Pralinen verziert: Dunkle Masse, lichte Buttercreme, lichte Masse, lichte Buttercreme, dunkle Masse.

Nr. 2. Schokoladenüberguß mit Schokoladencremehäufchen: Lichte Masse, Marmelade, dunkle Masse, Marmelade, lichte Masse.

Nr. 3. Weiße Eiweißglasur mit gespritzter Marmelade: Lichte Masse, dunkle Creme (mit Kakao), rosa Masse, lichte Buttercreme, dunkle Masse.

Nr. 4. Zitronen-Überguß und dunkle Eiercreme, gespritzt: Dunkle Masse, lichte Buttercreme, rosa Masse, dunkle Buttercreme mit Schokolade, lichte Masse.

Nr. 5. Feine Torte: Schokoladenüberguß mit Pralinen. Dunkle Masse, Schokoladencreme, lichte Biskuitmasse oder Triester Masse, Schokoladencreme, dunkle Masse.

Nr. 6. Feine Torte: Kaffeeglasur mit Kaffeecreme gespritzt. Dunkle Masse, Kaffeecreme, Triester Masse, Kaffeecreme, dunkle Masse. (Die dunkle Masse wird ebenfalls mit dunklem Kaffee gefärbt, man kann etwas Zichorie und wenig Kaffee dazu verwenden).

Füllungen für Torten

Marmelade, welche im eigenen Haushalt erzeugt wird, ist meist gut und gebrauchsfähig. Wenn eine solche gekauft wird, so rührt man diese etwas durch.

Buttercreme. 10 Eßlöffel Milch mit 1/2 Päckchen Puddingpulver und 1 Eigelb im Wasserbad rühren, bis die Masse dick ist, dann 200 g Butter oder Margarine und 150 g Zucker je nach Geschmack verrühren und die kalte, gekochte Masse nach und nach dazugeben, bis alles gut vermengt ist. Vanille-Geschmack oder Ananas.

Nußfülle. 140 g Zucker (Puder) mit 3 Eigelb, etwas Vanille abtreiben, 140 g feingeriebene Nüsse mit festem Eischnee leicht darunter rühren.

Haselnüsse schält man, indem man sie im Rohr etwas röstet und dann in einem trockenen Tuch abreibt.

Eiercreme. Die lichtgelbe Eiercreme wird hergestellt, indem man 200 g Butter mit 150 g feingestoßenem Zucker 15 Minuten schaumig rührt. Dann kocht man in einem kleinen Topf 10 Eßlöffel Milch mit 3 Eigelb und 1 Eßlöffel Mehl (womöglich Kartoffelmehl) unter ständigem Rühren auf. Sobald die Masse dicklich wird, zieht man sie von der heißen Platte weg und rührt sie noch einige Minuten, stellt sie in kaltes Wasser und rührt sie, bis sie kalt ist. Nun wird sie löffelweise unter fortwährendem Rühren in die Buttermasse gegeben und noch weiter schaumig gerührt. In einem warmen Raum kann die Creme nicht gemacht werden.

Die **Schokoladen-Eiercreme** wird ebenso gemacht. Man gibt 3 – 4 Rippen gute Schokolade in die Röhre zum Weichwerden und rührt diese unter die fertige Creme, wie oben angegeben, oder gibt dazu 10 g Kakao.

Vanillecreme wird wie oben hergestellt, man gibt zum Kochen oder erst später feingestoßene Vanille dazu.

Zitronencreme. In die oben angeführte Creme wird feingeriebene Schale und Saft von 1/2 Zitrone gegeben.

Kaffeecreme. Obiger Creme werden tropfenweise 3 Eßlöffel starker schwarzer Bohnenkaffee unter fleißigem Umrühren beigefügt. Der Kaffee wird hergestellt, indem man 10 g gemahlenen Bohnenkaffee in ein Leinwandsäckchen (Filter) gibt und dieses in einen Seiher oder Trichter legt und nun einen kleinen Schöpflöffel siedend heißes Wasser darüber gießt. Sobald etwa 3 Eßlöffel Kaffee abgetropft sind, stellt man sie weg zum Auskühlen und verwendet sie für die Fülle.

Nußfülle. 40 Stück Walnüsse reiben, 100 g Puderzucker mit einem ganzen Ei gut verrühren, etwas Vanille und die Walnüsse dazu.

Feine Nußfülle. 140 g Puderzucker mit 3 Eigelb gut verrühren, dann den Schnee von 3 Eiweiß und 140 g feingeriebene Walnüsse dazu, etwas Vanille.

Haselnußfülle. Geschälte Haselnüsse: In der Pfanne im Rohr die Nüsse trocknen, mit einem Tuch abreiben, so daß sie ganz weiß sind. 140 g Zucker mit 3 – 4 Eßlöffel Wasser am Herd zum Kochen bringen. Etwas Vanille oder Zitronenschale (geriebene) dazu, dann die 140 g feingeriebenen Nüsse dazu.

Glasuren für Torten

Bei der Fertigstellung der Übergußmasse ist zu beachten, daß diese stets etwas dicklich sein muß, damit die Tortenmasse von ihr bedeckt wird. Man gießt die Übergußmasse in der Mitte der Torte auf und streicht sie dann rasch mit dem Messer über die Tortenfläche, aber so, daß sie eine schöne ebene Fläche bildet.

Eiweiß-Glasur, schneeweiß: 2 Eiweiß, etwa 140 g feingesiebten Puderzucker. In das Eiweiß verrührt man in einer Tasse mit dem Kaffeelöffel nach und nach den Zucker, eventuell noch etwas mehr, bis eine ziemlich dickflüssige Masse entsteht, gießt sie auf die Torte und bestreicht sie rasch zuletzt seitwärts. Gibt man Zitronen- oder Orangensaft dazu, so ist die Masse zwar schmackhaft, aber nicht mehr ganz weiß.

Eiweiß-Glasur, rosa, gefärbt mit Lebensmittelfarben.

Eiweiß-Glasur, grün, gefärbt mit grüner Farbe für Backwerk (nur in der Drogerie zu kaufen), giftfrei.

Zitronenüberguß. In den Saft einer Zitrone rührt man so viel feingesiebten Puderzucker, daß eine dickliche Masse wird, welche man rasch über die Torte gießt und verstreicht.

Schokoladenglasur. 70 g feingesiebter trockener Puderzucker wird mit 70 g geriebener Schokolade und Eiweiß dick gerührt.

Schokoladenglasur. 140 g Puderzucker (gesiebt) mit 140 g geriebener Schokolade und 3 Eßlöffel kochenden Wassers zu einem zähen Brei verrührt, dann vom Feuer weggestellt und kalt gerührt, über die Torte gegossen.

Schokoladenüberguß. 100 g Zucker mit 2 Eßlöffel Wasser aufkochen, 2 Rippchen Schokolade in der Röhre aufweichen lassen, in den Zucker einrühren und zugleich ein nußgroßes Stückchen Butter. Sobald die Masse dicklich genug ist, rasch über die Torte gießen.

Kakao-Zuckerüberguß. Hat man Schokolade nicht zur Hand, so verrührt man in 3 – 4 Eßlöffel heißem Wasser ein nußgroßes Stück Fettstoff und gibt etwas Vanille dazu, nach und nach etwa 200 g Puderzucker und 10 g Kakao, bis eine glatte dickliche Streichmasse entsteht.

Punschglasur. Man rührt 200 g Puderzucker mit 2 – 3 Eßlöffel heißem Wasser und 1 Eßlöffel Arrak 1/4 Stunde lang, übergießt damit die Torte und läßt sie trocknen.

Vanille-Schnee. Man schlägt 2 Eiweiß zu festem Schnee, gibt 125 g Puderzucker dazu, ein Päckchen Vanille.

Kaffeeglasur. In 3 – 6 Eßlöffel starken, schwarzen Bohnenkaffee (die Zubereitung desselben ist bei der Kaffeefülle beschrieben) werden 200 g feingesiebter Zucker eingerührt und die dickliche Masse über die Torte gegossen.

Marmeladenglasur. 200 g feingesiebter Zucker werden mit 1 Eiweiß und 3 Eßlöffeln Marmelade (letztere muß vorher gut verrührt werden) gut abgetrieben.

Lichter Kaffeeüberguß. 3 Eßlöffel starker schwarzer Bohnenkaffee (hergestellt wie bei der Kaffeecremefüllung) werden mit 3 Eßlöffel süßem Rahm vermengt, 200 g feingestoßenen Puderzucker (und ein haselnußgroßes Stückchen Butter, zerlassen) dazu.

Eiweißschaum. 1 Eiweiß, 2 Eßlöffel Puderzucker, 1 Eßlöffel rote Marmelade, 1 Päckchen Vanillinzucker. So lange rühren, bis ein steifer Schaum entsteht.

Eierschaum. 1 Eigelb mit 2 Eßlöffel Puderzucker und Vanille zu festem Schaum rühren.

Punscheis. 2 Eiweiß, festen Schnee, 120 g Puderzucker (einige Tropfen Rum oder Likör) im Rohr licht backen.

Glasurverzierung mit Mus. 3 Eßlöffel feines Mus, 1 Eiweiß gut abtreiben, nach und nach 200 g Puderzucker dazu.

Spritzglasur. 1/2 Eiweiß mit feingesiebten Zucker gut abtreiben, bis die Masse ziemlich dick ist, dann mit der Spritze oder im Spritzbeutel spritzen.

Für alle Glasuren können auch Lebensmittelfarben verwendet werden!

Platten- und Formkuchen aus Quark-Öl-Teig

Gebäck aus Quark-Öl-Teig sollte (wie alles Backwerk aus quarkhaltigen Teigen) möglichst frisch auf den Tisch kommen. Durch mehrtägiges Lagern wird es nicht besser. Es eignet sich besonders für Haushalte mit vielen begeisterten Kuchenessern: vormittags schnell gebacken, nachmittags auf den Kaffeetisch. Quark-Öl-Teig ist nicht so fett wie durchschnittlicher Rührteig oder Mürbteig. Das ist ein Vorteil für die schlanke Linie. Bitte beachten:

Formen und Bleche bei der Verarbeitung von Quark-Öl-Teig grundsätzlich mit weicher Butter oder Margarine bestreichen.

Quark-Öl-Teig-Grundrezept

100 g Quark,
4 Eßlöffel Milch,
4 Eßlöffel Öl,
50 g Zucker,
Salz,
200 g Mehl,
4 Teelöffel Backpulver

Quark durch ein Sieb streichen, mit Milch, Öl, Zucker und Salz verrühren. Die Hälfte des mit Backpulver gemischten Mehls mit der Masse vermischen, dann das restliche Mehl dazugeben und alles zu einem glatten Teig verkneten. Boden einer gefetteten Springform mit dem ausgerollten Teig belegen, den Belag daraufgeben und backen.

Kleingebäck aus Quark-Ölt-Teig vor dem Backen stets mit Dosenmilch (oder mit Eigelb, verquirlt mit etwas Milch) bestreichen.

Erdäpfelteig

1000 g Kartoffeln, gekocht, 1-2 Eigelb, 30 g Margarine, 4-5 Eßlöffel Mehl, Salz

Die gekochten, kalten Kartoffeln feinreiben oder passieren (bei heißen Erdäpfeln 4 bis 5 Eßl. Grieß mit einarbeiten), alle Zutaten zu einem glatten Teig verarbeiten und diesen 1/2 Stunde ruhen lassen.

Topfenteig

3/8 kg Topfen, 3 Eigelb, 30 g Margarine, 3 Eßlöffel Milch, 6-8 Eßlöffel Mehl, Salz

Alle Zutaten vermengen, zu einem glatten Teig verarbeiten und 1/2 Stunde ruhen lassen. (Bei zu feuchtem Topfen muß mehr Mehl beigegeben werden).

250 g Topfen, 150 g Mehl, 50 g Butter, 1 Ei, Salz

Eine zweite Art von Topfenteig
(die Knödel platzen nicht so leicht)
Zubereitung wie oben.

Brandteig

200 g Mehl, 1/8 l Wasser, 1/8 l Milch, 60 g Margarine oder Butter 2 Eigelb

In einem Topf Wasser, Milch und Margarine zum Kochen bringen, salzen, Mehl dazugeben und auf kleiner Flamme so lange rühren, bis sich der Teig als Ballen vom Boden löst. Vom Feuer nehmen und abkühlen lassen.
Eigelb nacheinander (einzeln) im Teig glatt verrühren, ruhen lassen.

Semmelteig

4 eingeweichte Semmeln, 125 g zerlassene Butter, 8 Eßlöffel Mehl, Salz, evtl. 1 Ei

Die Semmeln glatt durchkneten, mit allen Zutaten zu einem Teig verarbeiten, ruhen lassen.

Verarbeitung der einzelnen Teigarten

Aus dem Teig Knödel formen und mit frischem Steinobst (Marillen, Kirschen oder Zwetschgen) füllen. Bei Marillen den Kern entfernen und ein Stück Würfelzucker einlegen. Auch Heidelbeeren und Birnenstückchen eignen sich zum Füllen. Die Knödel in schwach kochendes Salzwasser einlegen und etwa 10 Minuten ganz leicht kochen lassen. Semmelbrösel in Margarine rösten, Knödel darin wälzen. Mit Puderzucker und zerlassener Butter servieren.

Striezelteig

1000 g Mehl,
150 g Butter oder Schmalz,
150 g Zucker,
3 Eigelb,
45 g Hefe,
Salz, Zitronenschale,
Rosinen

Der Teig muß ziemlich fest eingemacht werden. Sobald er aufgegangen ist, nimmt man für einen großen Striezel 1000 – 1500 g Teig heraus auf das Nudelbrett, benützt aber wenig Mehl. Nun teilt man den Teig ab, je nachdem, wieviel Strähnen man zum Flechten braucht, und walkt sie gut aus. Sollten die Striezel schon aufgehen und die Röhre noch nicht frei sein, so stelle man sie an einen kalten Ort, sie gehen dann nicht weiter in die Höhe. Vor dem Backen bestreicht man sie mit Ei.

Strudelteig

1/3 l Mehl,
1 Ei,
Butter/Schmalz,
Wasser

Man macht auf dem Nudelbrett aus 1/3 Liter Mehl, einem Ei und einem nußgroßen Stückchen Fett oder Butter, bißchen Salz und etwas lauwarmem Wasser einen weichen Teig, den man 10 Minuten auf das Nudelbrett aufschlägt, unter einer Kasserolle 1 Stunde ruhen läßt, dann auswalkt, auf einem reinen Tuch, mit Mehl bestreut, auszieht und mit heißer Butter bespritzt.
Beliebige Füllungen verwenden.

Streusel für Belag

Mehl, Zucker, Butter

1 Teil Mehl, 1 Teil Zucker, 1 Teil Butter wird in kaltem Raum feingebröselt. Nun läßt man den Kuchenteig auf dem Blech aufgehen, bestreicht den Rand mit Ei und streicht Marmelade auf den Teig, streut dann den Streusel darauf und bäckt den Kuchen rasch in heißer Röhre.

Kuchen und Torten

Punschtorte Nr. 1

Biskuitmasse, Marmelade, Punschessenz, 6-8 Eßlöffel Punsch, 200 g Puderzucker

Diese 2- bis 3farbige Torte wird aus Biskuitmasse hergestellt, und zwar bäckt man für eine große Torte in großer Form eine weiße Biskuitmasse von 6 Eiern, schneidet sie in der Mitte durch und bestreicht beide Schnittflächen mit Marmelade, bäckt noch zwei kleine Biskuitmassen von je 3 Eiern. Die kleinen Massen färbt man rosa und grün oder rosa und schokoladefarbig, schneidet diese in Würfel und schichtet sie abwechselnd auf die eine weiße Tortenmasse. Nun gießt man mit einem Eßlöffel Punschessenz darüber und legt den 2. lichten Biskuitteil darauf. Damit die kleinen Biskuitwürfel gut zusammenkleben, streicht man etwas lichte Marmelade dazwischen. Nun läßt man die Punschtorte über Nacht mit einem Brett beschwert liegen und gießt dann den Punschüberguß darüber. Im Punsch, 6-8 Eßlöffel, werden etwa 200 g feinen Puderzuckers eingerührt und über die Torte gegossen, oben gut verstrichen und an den Seiten ebenfalls.

Punschtorte Nr. 2

Biskuitmasse, Marmelade, 1/4 l Rum, 1/4 l Zuckerwasser, Zitronensaft oder Lebensmittelfarben

Von 12 Eiern eine Biskuitmasse machen, davon zwei Drittel in eine große Tortenform oder Kasserolle und ein Drittel in eine kleine Form geben. Am nächsten Tag die Torte in zwei Teile schneiden und die Schnittseiten nicht zu dick mit Marmelade bestreichen, die kleine Biskuitmasse in nicht zu kleine Würfel schneiden und schnell in folgenden Saft tauchen (an eine Stricknadel gespießt): 1/4 Liter Rum, 1/4 Liter Zuckerwasser, Saft einer Zitrone auf 2 oder 3 kleine Kaffeetöpfchen verteilen und in jedes Töpfchen eine Farbe:

grün, rot oder gelb (ein Saft kann auch licht bleiben). Nun schichtet man diese dreifarbigen Würfel abwechselnd auf den unteren Torteteil, legt den Deckel darauf und preßt die Torte einige Stunden ein. Aus etwas Rum, Zucker und Farbe macht man die Glasur und verziert sie meist nur wenig.

Schlagsahnetorte

Biskuitmasse, Schlagrahm, Zucker, Vanille, Zitronenessenz

Biskuit von 6 Eiweiß wird in 3 Teile zerschnitten, 1/2 Liter Schlagrahm festgeschlagen, Zucker nach Bedarf. Vanille oder Zitronenessenz dazugetan. Die Torte mit Schlagsahne füllen und überstreichen.

Echte Mandeltorte

250 g Zucker, 6 Eier, 125 g Mandeln, 1 Zitrone

Man rührt 250 g Zucker mit 6 Eigelb schaumig, dazu 125 g fein gewiegte Mandeln, etwa von 1/2 Zitrone die Schale, den Saft einer ganzen Zitrone und den Schnee von 6 Eiweiß. 3/4 Stunden backen.

Falsche Mandeltorte

330 g Zucker, 10 Eier, 145 g Mandeln, 125 g Semmelbrösel, Schokoladenguß

220 g Zucker mit 10 Eigelb 1/2 Stunde rühren, dann Schnee von 6 Eiweiß, 75 g geriebene Mandeln, 125 g feine Semmelbrösel dazu, Zitronenschale feingehackt. Die Masse ausbacken.
Fülle: 4 Eier Schnee, 110 g Zucker, 70 g geriebene Mandeln. Die Torte wird 2-3 mal durchgeschnitten.
Überguß: Schokolade und von halbierten Mandeln Sternchen als Aufputz.

Pischingertorte

5 Oblaten,
70 g Butter,
70 g Zucker,
70 g Haselnüsse,
2 Rippen Schokolade,
Schokoladenguß

5 Oblaten kaufen und wie folgt füllen: 70 g Butter mit 70 g Zucker 1/4 Stunde verrühren, 70 g geriebene Haselnüsse und 2 Rippen in der Röhre erweichte Schokolade dazu. Nach dem Füllen wird die Torte einige Stunden beschwert, damit die Oblaten zusammenhalten. Dann kommt ein Schokoladenüberguß darüber.
Auch Waffeln können auf diese Weise verwendet werden.

Grießtorte

180 g Zucker, 6 Eier,
Zitronensaft,
120 g Grieß,
Marmelade,
Zitronenguß

180 g Zucker mit 6 Eigelb 1/4 Stunde abtreiben, den Saft 1/2 Zitrone und die Schale feingehackt dazu, dann 6 Eiweiß und 120 g Grieß leicht darunterrühren und die Torte langsam backen. Ausgekühlt zerschneiden, mit Marmelade füllen und Zitronenüberguß darüber, dann verzieren.

Malagatorte

8 Eier,
370 g Zucker,
130 g Mandeln,
115 g Mehl,
1/4 l Malaga,
3-6 EL Malagawein

Von 8 Eiern Schnee, 300 g Zucker, 130 g geriebene Mandeln und 100 g Mehl bäckt man 4 Tortenblätter aus und füllt sie folgendermaßen:
1/4 l Malaga, 4 Eigelb, 70 g Zucker, 15 g Mehl auf dem Feuer rühren bis es dick ist, nun kalt rühren und zwischen die Blätter streichen.
Als Überguß 3-6 Eßlöffel Malagawein mit 20 g Zucker mengen und darübergeben.

Malagatorte aus Biskuitmasse

Biskuitmasse,
„Malagatorte"

Eine Biskuitmasse von 6 Eiern wird dreimal durchschnitten, mit vorher beschriebener Masse gefüllt und mit Malaga und Zucker übergossen.

Mokkatorte

200 g Zucker,
220 g Butter,
8 Eier,
70 g Haselnüsse,
70 g Semmelbrösel,
70 g Mehl,
6 EL Kaffee,
1/2 EL Kartoffelmehl,
Kaffeeguß

140 g Zucker mit 110 g Butter 1/4 Stunde rühren, nach und nach 8 Eigelb, 70 g gestoßene Haselnüsse, zuletzt den Schnee von 6 Eiweiß, 70 g Semmelbrösel und 70 g Mehl dazu. In einer Form backen.

Fülle: 110 g Butter mit 60 g Zucker 1/4 Stunde rühren, 6 Eßlöffel starken, schwarzen Kaffee (herzustellen wie bei der Biskuittorte mit Kaffeefülle) und 4 Eigelb und 1/2 Eßlöffel Kartoffelmehl dicklich aufkochen unter beständigem Rühren und ausgekühlt löffelweise unter die Buttermasse mengen.

Überguß: 3-6 Eßlöffel Kaffee mit 20 g Zucker.

Aufputz: Kaffeebohnen oder Kaffeecremehäufchen.

Weiße Kartoffeltorte

200 g Zucker, 5 Eier,
1 TL Zimt,
Salz, Zitronenschale,
20 g Mandeln,
420 g Kartoffeln

Man rührt 200 g Zucker mit 5 Eigelb schaumig, gibt einen Teelöffel gestoßenen Zimt und etwas Salz und gewiegte Zitronenschale dazu. 20 g geschälte, geriebene Mandeln, 420 g geriebene, am Tag vorher gekochte Kartoffeln, den Schnee von 5 Eiweiß dazugeben und 3/4 Stunden backen. Mit Zucker bestreut servieren.

Frühlingstorte

140 g Butter,
280 g Zucker,
Vanillezucker,
4 Eier,70 g Mehl,
140 g Mandeln,
Vanille,Walnüsse

140 g Butter mit 140 g Zucker, etwas Vanillezucker 20 Minuten rühren, zuletzt Schnee von 4 Eiweiß, 70 g Mehl und 140 g abgeschälte geriebene Mandeln dazu. In einer Form backen.

Überguß: 3 Eigelb mit 140 g Zucker und Vanille 1/4 Stunde schaumig rühren, über die kalte Torte streichen, mit halbierten Walnüssen verzieren.

Nußcremetorte

8 Eier,
90 g Zucker,
25 g Kakao,
125 g Hasel-/Walnüsse,
110 g Semmelbrösel,
1/2 l Schlagrahm,
Vanille

8 Eigelb mit 90 g Zucker 1/4 Stunde abrühren, 25 g Kakao, 5 Eiweiß-Schnee, 55 g geriebene Hasel- oder Walnüsse und 110 g Brösel dazu. Die Masse in einer Form backen, zweimal durchschneiden.

Fülle: 3 Eischnee, 150 g Zucker, 70 g geriebene Hasel- oder Walnüsse, Vanille.

Überguß mit hellen Walnüssen verziert oder 1/2 Liter Schlagrahm, mit Vanille und 70 g geriebenen Hasel- oder Walnüssen gefüllt, über die Torte gegossen.

Der Mohr im Hemd

125 g Zucker,
2 Eier, 2 Eigelb,
4 Rippen Schokolade,
4 Eiweiß,
Zimt, Nelken,
Zitronenschale,
70 g Mandeln,
120 g Brot,
1/4 Pck. Backpulver,

„Hemd":
200 g Zucker,
1 Zitrone,
1 EL Rum, Vanille,
1 EL Wasser,
4 Eiweiß

Der Mohr wird hergestellt aus 125 g Zucker, 2 ganzen Eiern und 2 Eigelb, die eine halbe Stunde gerührt werden. Nun werden 4 Rippen Schokolade in der Röhre aufgeweicht und mit dem Schnee von 4 Eiweiß, etwas Zimt und Nelken, gestoßen, Zitronenschale, 70 g mit der Schale geriebener Mandeln, 120 g feingeriebenes Brot, 1/4 Päckchen Backpulver vermengt. Nach dem Backen wird das Mohrenhemd hergestellt und damit die Tortenmasse bedeckt; welche vorher 1- bis 2mal durchgeschnitten und mit Marmelade gefüllt wurde. Das Mohrenhemd besteht aus 200 g Zucker, der mit dem Saft und der Schale einer Zitrone, 1 Eßlöffel Rum, etwas feingestoßener Vanille, 2 Eßlöffeln Wasser gekocht wird, bis er Blasen wirft, doch muß die Masse weiß bleiben. Nun von 4 Eiweiß Schnee schlagen und den heißen Zucker unter ständigem Schlagen darunterrühren und so lange weiterschlagen, bis er kalt und fest ist. Die Tortenmasse wird nun ganz mit dem weißen Überguß bedeckt. Der Überguß muß an einem kühlen Ort zubereitet werden.

Biskottentorte

Biskotten,
180 g Butter,
120 g Zucker,
4 Eigelb,
2 EL Rum/Arrak,
Schlagrahm, Vanille

In eine Glasschüssel legt man Biskotten und abwechselnd eine Creme, obenauf Biskotten.
Dazu die Creme: 180 g Butter gut verrühren, 120 g Zucker langsam dazu, 4 Eigelb, 2 Eßlöffel Rum oder Arrak. Man kann die Form auch nach einigen Stunden stürzen und überzieht mit Schlagrahm und Vanillegeschmack.

Sandtorte

125 g Butter,
125 g Zucker,
3 Eier,
125 g Kartoffelmehl,
1/2 Zitrone

125 g Butter mit 125 g Zucker gut rühren, nach und nach 3 Eigelb und 125 g Kartoffelmehl oder Stärke, 1 Eßlöffel Rum und die feingeriebene Schale 1/2 Zitrone. Zuletzt den Schnee von 3 Eiweiß. Langsam backen. Die Masse kann auch zu Napfkuchen verwendet werden.

1. Linzertorte

250 g Butter,
250 g Zucker, Zimt,
Zitronenschale,
1 Ei, 4 Eigelb,
250 g Mehl,
250 g Mandeln,
Marmelade

250 g Butter, 250 g Zucker flaumig abtreiben, etwas Zimt und Zitronenschale, 4 Eigelb und 1 ganzes Ei nach und nach einrühren, zuletzt 250 g Mehl und 250 g Mandeln. In eine gut gefettete Form drücken (ein Fünftel des Teiges zurücklassen für das Gitter). Mit Marmelade bestreichen und ein Gitter darauf. Mit Eigelb bestreichen.

2. Linzertorte

125 g Zucker,
125 g Butter,
380 g Mehl, 6 Eier,
Marmelade, Eigelb

125 g Zucker, 125 g Butter, 380 g Mehl und 6 hartgekochte Eigelb vermengen, in eine gefettete Form drücken (ein Fünftel des Teiges für das Gitter zurücklassen), mit Marmelade bestreichen, ein Gitter darüber, mit Eigelb bestreichen und backen.

Biskuitschnitten mit Nußcreme

4 Eier,
200 g Zucker,
90 g Mehl,
1/2 Päckchen Backpulver,
1/10 l Milch,
3 Eigelb,
30 g Nüsse,
10 g Stärke,
1/10 l Schlagrahm

Teig: 4 Eigelb, 110 g Zucker, 4 Eiweiß Schnee, 90 g Mehl, 1/2 Päckchen Backpulver, etwas Butter und Mehl für das Backblech.
Fülle: 1/10 Liter Milch, 3 Eigelb, 90 g Zucker, 30 g Nüsse, 10 g Stärke, 1/10 Liter Schlagrahm.
Eigelb und Zucker schaumig rühren, dazu nach und nach 4 Eigelb, zuletzt den Schnee von 4 Eiweiß und das Mehl leicht daruntermengen und sofort auf das gut mit Butter bestrichene und mit etwas Mehl besiebte Blech fingerdick streichen. Licht backen. Nach dem Erkalten in 5 cm mal 7 cm breite Schnitten schneiden. Je eine Schnitte wird mit der Nußcreme bestrichen und eine andere Schnitte darauf gelegt. Mit Zucker und Vanillingeschmack bestreuen.

Baumstamm

100 g Zucker,
6 Eier,
75 g Mehl,
2 Rippen Schokolade,
2 EL Milch,
2 EL Puderzucker,
250 g Butter/Margarine
Pistazien

100 g Zucker, 75 g Mehl, 5 Eier. In den Schnee von 5 Eiweiß den Zucker, die Eigelb und das Mehl leicht einrühren und sofort auf ein befettetes Blech streichen und ganz licht backen. Die Masse kann hügelig sein.
Creme: 1 Ei, 2 Rippen erweichte Schokolade, 2 Eßlöffel Milch (bei Kakao etwas mehr Zucker), 2 Eßlöffel Staubzucker. Alles über Dunst in einem Topf dicklich rühren und dann wegnehmen und so lange im kalten Wasser rühren, bis die Creme kalt ist. 250 g Butter oder Margarine abtreiben und nach und nach die Masse dazurühren. Ein Teil wird auf den Teig gestrichen und damit eingerollt. Der Rest wird darüber gestrichen und Äste darauf gespritzt, mit gehackten Pistazien bestreuen.

Olgaschnitten

Kuchen:
6 Eier, 140 g Zucker, 100 g Haselnüsse, 100 g Semmelbrösel, Zitronenschale
Creme:
140 g Butter, 80 g Zucker, 2 Eier, 100 g geriebene Haselnüsse, Vanillezucker

6 Eigelb mit 140 g Zucker 1/2 Stunde anrühren, 100 g geriebene Haselnüsse, 100 g Semmelbrösel, etwas Zitronenschale und den Schnee von 6 Eiweiß. Das Ganze auf ein gefettetes Blech streichen, licht backen und noch warm rasch in Vierecke schneiden, aber alle gleich groß. Sobald sie kalt sind, mit folgender Creme füllen: 140 g Butter mit 80 g Zucker 1/4 Stunde gut abrühren, dann 2 Eigelb und 1 ganzes Ei dazu und 100 g geriebene Haselnüsse und etwas Vanillezucker. Ein Viereck als Unterlage, ein Viereck darüber, dazwischen die Creme und oben mit Zucker bestreuen.

Cremekuchen

70 g Schmalz, 70 g Butter, 80 g Zucker, 2 Eier, 200 g Mehl, 2 Eßl. Puderzucker, Eingemachtes

70 g Schmalz und 70 g Butter werden mit 80 g Zucker und 2 Eigelb abgerührt. 200 g Mehl dazu, das Ganze in eine Form gedrückt und gebacken. Erkaltet wird der Kuchen mit Eingemachtem und dem Schnee von 2 Eiweiß und 2 Eßlöffel feingesiebtem Puderzucker bestrichen und in der Röhre gebacken.

Cremerollen

Butterteig, Eigelb, Milch
Füllung:
1/4 l Schlagrahm, 100 g Zucker, Vanille,
oder
6 Eiweiß, 240 g Zucker, 3 Eßl. Wasser

Der einfache oder feine Butterteig wird zubereitet. Nun wird ein Teil des Teiges dünn ausgewalkt, in 3 cm lange und 3 cm breite Streifen geschnitten. Diese werden am Rande einer Längsseite mit Eiweiß bestrichen, damit sie beim Aufrollen kleben. Nun nimmt man die Blechformen und wickelt den Teig herum, aber so, daß man am breiten Ende beginnt und gegen das schmale Ende windet. Die umhüllten Formen legt man auf ein geschmiertes Blech, bestreicht die Rollen oben mit Eigelb (in Milch verquirlt) und bäckt sie rasch in heißer Röhre. (In warmer Röhre gebacken, würde die Butter aufweichen und abfließen.) Sind die Rollen ausgekühlt, füllt man sie mit Schlagsahne. Auf 15 Stück braucht man 1/4 Liter guten Schlagrahm, gibt 100 g feingesiebten Zucker und etwas Vanille dazu oder man füllt sie mit Eischnee von 6 Eiweiß, in kaltem Raum geschlagen, läßt man langsam gesponnenen Zucker einlaufen unter fortwährendem Schlagen. 240 g Zucker werden in 3 Eßlöffeln Wasser eingekocht, nur muß man achtgeben, daß der Zucker nicht zu stark einkocht. Oder man bereitet diese Schneemasse so wie bei der Schaumbäckerei in warmem Wasser.

Cremeschnitten, billig

250 g Mehl,
70 g Zucker,
20 g Butter,
1 Pck. Backpulver,
8 – 10 Eßl. Milch,
Pudding, Marmelade,
Haferflocken, Nüsse

250 g Mehl, 70 g Zucker, 20 g Butter, 1 Päckchen Backpulver, 8 – 10 Eßlöffel Milch zu einem Teig verarbeiten, den man in zwei gleich großen Teilen auswalkt und auf dem Blech licht bäckt. Auf eine erkaltete Platte streicht man festen, noch warmen Pudding und legt die zweite Platte darauf. Diese bestreicht man mit Marmelade und streut geröstete Haferflocken oder Nüsse darüber. Eine Stunde stehen lassen und mit in heißes Wasser getauchtem Messer zerschneiden. (Man achte besonders darauf, daß der Pudding nicht weich ist, da der dann ausläuft.

Kirschkuchen

4 Eier, Butter,
Zucker, Mehl,
Kirschen oder
Eingemachtes

4 Eier abwägen, so schwer Butter, Zucker und Mehl. Die Butter abtreiben, dann den Zucker dazugeben und nach und nach (dazwischen rühren) die vier Eigelb. Der Schnee von vier Eiweiß wird zum Schluß mit dem Mehl leicht dazugerührt. Alles auf ein bebuttertes, geschlossenes Blech oder in eine größere Pfanne gießen, mit Kirschen bestecken – es können auch eingekochte Früchte sein – und schön goldgelb backen. Ausgekühlt in Stücke schneiden.

Rhabarberkuchen, Schnitten

140 g Mehl,
140 g Butter,
etwas kaltes Wasser,
Salz, 1 Ei,
Rhabarber,
Vanillezucker

Man gibt aufs Nudelbrett 140 g Mehl, 140 g Butter, ein wenig kaltes Wasser, Salz und 1 Eigelb und stellt einen Teig her, den man in zwei Hälften teilt. Die eine walkt man aus, legt den Teig auf ein gefettetes Blech, gibt eingekochten oder frisch gedünsteten Rhabarber darauf und überdeckt mit der anderen Teighälfte, bestreicht mit Eiweiß, bäckt und bestreut mit Vanillezucker.

Apfelschnitten auf Butterteig

Butterteig,
feingeschnittene Äpfel,
Zucker, Zimt,
Butter, geröstete Semmelbrösel, Rosinen,
Eigelb

Einfacher Butterteig wird in 2 Teile geteilt. Ein Teil kommt auf ein mit Fett geschmiertes Blech, dann belegt man diesen Teil mit feingeschnittenen Äpfeln, streut Zucker und Zimt darauf und in Butter geröstete Semmelbrösel und einige Rosinen. Nun wird der andere Teil Butterteig daraufgelegt, mit Eigelb bestrichen und in ziemlich heißer Röhre gebacken, noch warm in Vierecke geschnitten und mit Zucker bestreut.

Kalte Zwieback-Puddingtorte

250 g Zwieback,
2 Pck. Backpulver,
1 Ltr. Milch,
Pudding, Marmelade,
Haferflocken oder Nüsse

250 g Zwieback, 2 Päckchen Puddingpulver. Der Pudding wird mit 1 Liter Milch gekocht, darf aber nicht zu dünn sein. In eine Tortenform legt man abwechselnd 1 Schicht Zwieback, dann Pudding, obenauf wieder Pudding. In einem kühlen Raum einige Stunden stehen lassen, oben mit Marmelade bestreichen und mit gerösteten Haferflocken oder Nüssen bestreuen. Zur Obstzeit gibt man statt der Marmelade Obst darauf mit Schlagrahm oder Eiweißschnee mit Zucker und Vanille.

Haustorte

100 g Butter, 180 g Zucker, 2 – 3 Rippen Schokolade, 100 g Haselnüsse, 100 g Mehl, 1/4 Päckchen Backpulver, 8 EL Milch, Zitronenschale, 3 Kaffeebohnen, 1/2 Eßlöffel Kakao, Zimt, Schokoladenüberguß

100 g Butter mit 180 g Zucker 1/4 Stunde rühren, dazu 2 – 3 Rippen geriebene Schokolade, 2 Eier, 100 g geriebene Haselnüsse, 100 g Mehl mit 1/4 Päckchen Backpulver und 8 Eßlöffel Milch, etwas Zitronenschale, 3 gemahlene Kaffeebohnen, 1/2 Eßlöffel Kakao, 1 Messerspitze Zimt und bäckt eine Stunde, darüber Schokoladenüberguß.
Dieselbe Masse kann in einer länglichen Form gebacken, mit Schokoladenüberguß versehen und mit gestifteten Mandeln besteckt werden und heißt dann „Rehrücken“.

Wirtschaftstorte

100 g Butter, 180 g Zucker, 2 Eier, 2 EL Kakao, 3 Rippen Schokolade, 12 EL Milch, 250 g Mehl, 1 Päckchen Backpulver, Marmelade, Schokoladenüberguß, Ananasaroma

100 g Butter mit 180 g Zucker in einer kleinen Schüssel 15 Minuten abrühren, nach und nach 2 ganze Eier verrühren, 2 Eßlöffel Kakao oder 3 Rippen Schokolade, 12 Eßlöffel Milch und zugleich löffelweise 250 g Mehl und 1 Päckchen Backpulver dazu, so daß alles eine leichte Masse wird. In gut gefetteter Form 1 Stunde backen, durchschneiden und mit Marmelade füllen. Schokoladenüberguß, dem etwas Ananasgeschmack zugegeben ist.

Mohntorte

200 g Mohn, 250 g Zucker, 250 g Mehl, 1/2 l Milch, 1 Päckchen Backpulver, Zitronenschale, 1 EL Rum, 100 g Marmelade, 30 g Haferflocken

200 g gemahlenen Mohn mit 250 g Zucker, 250 g Mehl und 1/2 Liter Milch, 1 Päckchen Backpulver, Zitronenschale, 1 Eßlöffel Rum gut mischen. In einer Form 3/4 Stunde backen. Wenn ausgekühlt, mit 100 g Marmelade bestreichen und mit 30 g gerösteten Haferflocken bestreuen. Hat man mehr Marmelade zur Verfügung, so kann man die Torte ein- oder zweimal durchschneiden und damit füllen, sie ist dann saftiger.

Großer Gitterkuchen oder 2 Tortenmassen

500 g Mehl
1 Päckchen Backpulver,
100 g Butter, 1 Ei,
100 g Zucker, Sahne/
Milch, Zitronenschale,
Vanille, Marmelade

Unter 500 g Mehl 1 Päckchen Backpulver mischen, verbröselt das mit 100 g Butter, 1 Ei, 100 g Zucker, etwas Sahne oder Milch und Zitronenschale oder Vanille. Gut durchkneten, 3/4 des Teiges auf ein gefettetes Blech legen, Marmelade darauf und von dem restlichen Teig ein Gitter darübergeben und backen. Man kann auch zwei Torten aus der Teigmasse herstellen.

Schaumkuchen

Biskuitmasse
Marmelade
5 Eiweiß
180 g Zucker

Eine Buskuitmasse von 4 – 6 Eiern wird in eine große Form gegeben, gebacken und ausgekühlt. In der Mitte durchschneiden. Man legt diese Tortenhälfte mit der Schnittfläche nach oben auf je einen Teller und bestreicht mit Marmelade.
Von 5 Eiweiß wird fester Schnee geschlagen, nach und nach 180g Zucker dazugetan, beide Tortenhälften damit bedecken, in die Röhre geschoben und lichtgelb gebacken.

Quarkkuchen

200 g Mehl
60 g Butter o. Margarine
220 g Zucker,
2 Eier, Milch,
1/2 Pck. Backpulver,
250 g Quark

200 g Mehl, 60 g Butter oder Margarine, 60 g Zucker, 1 Eigelb, Zitronenschale, 4 Eßlöffel Milch und 1/2 Päckchen Backpulver werden zu einem Teig verarbeitet und im Tortenblech gebacken. Wenn der Kuchen noch nicht ganz fertig gebacken ist, wird er mit Quark (250 g Quark, 1 Eigelb, 60 g Zucker) bestrichen und nochmals gebacken, dann erst kommt der mit 100 g Zucker vermischte Schnee von 2 Eiweiß darauf. Der Kuchen kommt nun noch eine Weile in die Röhre. Statt der Quarkfülle kann man den Kuchen mit Marmelade bestreichen. Hat man mehr Eiweiß, kann man es verwenden.

Zimtkuchen

Kuchenteig
Butter, Zucker
Zimt

Der Teig für ein Backblech wird 1 cm hoch aufs Brett gelegt, mit Butter bestrichen, reichlich gestoßener Zucker und Zimt darauf gestreut und sobald er gegangen ist, ausgebacken.

Zimtrollbuchte

Kuchtenteig
50 g Butter
Zucker
Zimt
Ei

Der Teig für 1 Backblech wird dünn ausgewalkt. Nun läßt man 50 g Butter zergehen, streicht sie auf den Teig, streut reichlich gestoßenen Zucker und Zimt darauf und rollt den Teig zusammen, legt die Rollen auf das befettete Backblech, bestreicht den Teig mit Ei und bäckt ihn nach dem Aufgehen aus.

Bischofsbrot

4 Eier, Mehl,
40 g Mandeln,
30 g helle und 30 g
dunkle Rosinen,
20 g Zitronat, Zucker

4 Eier mit 50 g Zucker 1/2 Stunde gut abrühren, dann 200 g Mehl dazu, 40 g geschälte, feingehackte Mandeln, 30 g lichte und womöglich 30 g schwarze Rosinen und 20 g kleingeschnittenes Zitronat. Alles in einer langen, gutgefetteten Form backen, bis es sich vom Rand schwach loslöst, stürzen und mit Zucker bestreuen.

Reichenberger Doppelkuchen

Kuchenteig (besserer),
Powidel, Käse
oder Mohn

Auf die erste Kuchenteigschicht Powidel streichen, dann eine Schicht Teig darüber legen und obenauf abwechselnd Käse, Mohn oder Powidel streichen.

Bienenstich aus Quark-Öl-Teig

100 g Quark, 5 Eßl.
Milch, 4 Eßl. Öl,

Quark durch einen Sieb streichen, mit Milch, Öl, Zucker und Salz verrühren. Die Hälfte des mit Backpulver gemischten Mehls mit

150 g Zucker, Salz, 200 g Mehl, 4 Teel. Backpulver, 75 g Butter, 1 Pck Vanillezucker, 100 g Mandeln

der Masse vermischen, dann das restliche Mehl dazugeben und alles zu einem glatten Teig verkneten. Boden einer gefetteten Springform mit dem ausgerollten Teig belegen, den Belag daraufgeben und backen.
Fett zerlassen, Zucker, Vanillezucker und Milch dazugeben, mit den Mandeln verrühren. Die Masse abkühlen lassen und auf dem Teig verteilen, bei Bedarf noch etwas Milch dazugeben.

Nußring aus Quark-Öl-Teig

200 g Quark, 6 Eßl. Milch, 8 Eßl. Öl, 1 Ei, 175 g Zucker, 1 Pck. Vanillezucker, Salz, 400 g Mehl, 1 Pck. + 2 Teel. Backpulver, Eigelb, 300 g Haselnüsse Zimt, 1 EL Schokolade, 1 TL Pulverkaffee, 1 Ei

Quark durch ein Sieb streichen, mit Milch, Öl, Ei, Zucker, Vanillezucker und Salz verrühren. Die Hälfte des mit dem Backpulver gemischten Mehls mit der Masse vermengen, dann das restliche Mehl dazugeben und alles zu einem glatten Teig verkneten. Noch etwas Mehl dazugeben, wenn der Teig klebt. Den Teig etwa 4 mm dick zu einem schlanken Rechteck ausrollen, mit Füllung (siehe unten) bestreichen und zusammenrollen. Teigrand dabei mit Eigelb bepinseln, damit die Rolle zusammenhält. Rolle mit dem Teigrand nach unten in einer gefetteten Springform oder Ringform ringförmig zusammenlegen, mit verquirltem Eigelb bestreichen und backen.
Füllung: Nüsse mit Zucker, Zimt, Schokolade und Pulverkaffee mischen, verquirltes Eigelb und so viel Milch zugeben, daß sich die Masse zu einem steifen Brei rühren läßt. Steifgeschlagenes Eiweiß unterziehen,

Rosenkuchen aus Quark-Öl-Teig

200 g Quark, 12 Eßl. Milch, 8 Eßl. Öl, 1 Ei, 200 g Zucker, 2 Pck. Vanillezucker,

Quark durch ein Sieb streichen, mit Milch, Öl, Ei, Zucker, Vanillezucker und Salz verrühren. Die Hälfte des mit Backpulver gemischten Mehls mit der Masse vermengen, dann das restliche Mehl dazugeben und alles zu einem glatten Teig verkneten. Den Teig zu

Salz, 400 g Mehl, 1 Pck + 2 Teel.Backpulver, 150 g Haselnüsse, 100 g Korinthen, Dosenmilch.

einem schlanken Rechteck ausrollen. Füllungszutaten vermischen und auf die Teigplatte streichen, von der Längsseite her aufrollen. Die Rolle in 14 – 16 Scheiben schneiden, die Scheiben mit der Schnittseite nach unten in eine gefettete Springform setzen, mit Dosenmilch bestreichen und backen.

Guglhupf, sehr fein

375 g Mehl, 125 g Stärke, 250 g Zucker, 2 Eßl. ger. Mandeln, 1/2 Teel. Bittermandelöl, 4 Eier, Zitronenschale, 1 Pck. Backpulver, 1/4 l Milch, 250 g Butter oder Margarine, 1 El, Mehl, 50 g Schokolade, Staubzucker

Rosinen waschen und mit Rum tränken, Mehl, Stärke, Zucker, Mandeln, Mandelöl, Zitronenschale und Backpulver vermengen. Dann Eier aufschlagen und mit Milch verrühren. Butter schmelzen lassen (bei kleiner Hitze), Eiermilch in das Mehlgemisch einrühren und Butter dazugeben. Rosinen abtropfen lassen und in Mehl wenden, dann unter den Teig mischen. Schokolade in erbsengroße Stücke schneiden und unterrühren. Teig in eine gefettete Guglhupfform füllen und auf unterster Schiene backen. (Ca. 1 Std. bei mittlerer Hitze – 175 Grad –).

Schokoladenkuchen

200 g Butter oder Margarine, 200 g Zucker, 1 Pck. Vanillezucker, 4 Eier, 100 g Mehl, 50 g Speisestärke, 50 g Kakao, 1 gestr. Tl Backpulver, 50 g geriebene Schokolade, 100 g geriebene Mandeln, 1 Likörglas Rum

Fett in der angewärmten Rührschüssel schaumig rühren. Nach und nach unter ständigem Rühren Zucker und Vanillezucker hinzufügen, dann die Eier stückweise aufschlagen und dazugeben, jedes Ei 3 – 4 Min. verrühren. Mehl mit Stärke, Kakao und Backpulver mischen und eßlöffelweise in den Teig geben. Die geriebenen Mandeln, die geriebene Schokolade und den Rum unterrühren. Weiterrühren, bis der Teig schwer reißend vom Löffel fällt. Den Teig in eine gefettete Napfkuchenform füllen und backen. Mit Puderzucker besieben oder Zuckerglasur überziehen.

Apfelstrudel von gezogenem Teig

1/3 l Mehl, 1 Ei, Butter, Salz, Wasser, Äpfel, Zucker, Zimt, Rosinen, Semmelbrösel

Man macht auf dem Nudelbrett aus 1/3 l Mehl, einem Ei und einem nußgroßen Stückchen Fett oder Butter, bißchen Salz und etwas lauwarmen Wasser einen weichen Teig, den man 10 Minuten auf das Nudelbrett aufschlägt, unter einer Kasserolle 1 Stunde ruhen läßt, dann auswalkt, auf einem reinen Tuch mit Mehl bestreut, auszieht und mit heißer Butter bespritzt. Dann bestreut man ihn mit feingeschnitttenen Apfelscheiben, bestreut diese mit Zucker und Zimt, Rosinen, mit in Butter gerösteten Semmelbröseln und rollt den Strudel zusammen, bestreicht ihn mit Butter und bäckt ihn in der Röhre. Schneidet ihn dann in schmale Streifen und zuckert ihn vor dem Essen reichlich.

Apfelstrudel, ausgiebig

300 g Mehl, 1 Pck. Backpulver, 100 g Butter, 60 g Zucker, 1 Ei, Salz, 8 El Milch oder Sahne, 1 kg Äpfel, 100 g Rosinen, Zimt, Zitronenschale

300 g Mehl, 1 Päckchen Backpulver, 100 g Butter, 60 g Zucker, 1 Ei, 1 Prise Salz, 8 Eßlöffel Milch oder Sahne zu einem Teig verarbeiten. 1 Stunde ruhen lassen. Unterdessen schält man Äpfel und schneidet sie in Scheiben, geschält gewogen 1 kg, 100 g Rosinen, Zucker und Zimt, Zitronenschale nach Belieben. Der Teig wird in 3 Teile geteilt, jeder Teil nacheinander ausgewalkt und eine Hälfte mit 1/3 der Äpfel bestreut, dann mit 1/3 der Rosinen mit Zucker, Zimt, Zitronenschale und dann die leere Teighälfte daraufgelegt und auf der Seite fest angedrückt. So entstehen 3 Strudel, die auf ein befettetes Blech gelegt werden, mit Milch, Butter oder Ei bestreichen und backen. Man kann auch anderes Obst verwenden.

Apfelstrudel, mürb

400 g Mehl,1/2 Pck Backpulver, 200 g Fett, 180 g Zucker, 2 Eier, Salz, 750 g Äpfel, 100 g Sultaninen, Zimt, Nüsse

400 g Mehl mit 1/2 Päckchen Backpulver mischen, 200 g Fett, 110 g Zucker, 2 Eier, etwas Salz, alles zu einem Teig verarbeiten, aufs Backblech legen, das befettet wurde. Darauf 750 g leicht geraspelte Äpfel, 100 g gewaschene Sultaninen, 70 g Zucker, etwas Nüsse und gestoßenen Zimt, backen.

Wiener Mohnstrudel

250 g Mehl, 25 g Hefe, 1/8 l lauwarme Milch, 80 g Butter, 50 g Zucker, 1 Ei, 1 Msp. Salz, abgeriebene Schale 1/2 Zitrone. Zum Bestreichen: 50 g Butter.

Zur Fülle: 250g gemahlener Mohn, 100 g Zucker, 1 El Honig, 1/4 l Milch, 40 g Semmelbrösel, 1/2 Tl Zimt, 1 Tl Rum.

Zum Bestreichen: 1 verquirltes Eigelb. Zum Bestreuen: Puderzucker

Aus den angegebenen Zutaten einen mittelfesten Hefeteig herstellen und gehen lassen. Danach auf einem bemehlten Brett 1 cm dick ausrollen, mit zerlassener Butter bepinseln und mit Mohnfülle – einen 2 cm breiten Streifen am Rand freilassen – dick bestreichen. Für die Fülle alle Zutaten mischen und fast bis zum Kochpunkt erhitzen. Die Fülle darf nicht zu weich, sie muß nur streichfähig sein. Den Teig zusammenrollen, auf ein gefettes Blech legen und zugedeckt nochmals gehen lassen. Danach mit zerlassener Butter bestreichen und im vorgeheizten Rohr goldbraun backen. Wenn der Strudel aus dem Rohr kommt, wieder mit Butter bestreichen und mit Puderzucker bestreuen.

Stollen

Hefeteig, Rosinen, Mohn, Topfen, etwas Milch, Ei, Zucker oder Kakaoglasur

Guter Hefeteig wird auf dem Brett zu einem Laib geformt. In der Mitte mit dem Nudelwalker abgeteilt, die eine Hälfte etwas flach gewalkt und dann über den hohen Teil geschlagen, damit der Stollen eine Art Sprung hat. Man nimmt dazu einfachen oder besseren Hefeteig, gibt auch Rosinen dazu. Auch der Teig des Schneekoppenstriezels kann dazu Verwendung finden. Wer den Stollen mit Mohn, Topfenfülle und dergleichen füllen will, legt die Masse auf den wie oben angedeuteten ausgewalkten Teig, rollt ihn etwas ein und schlägt ihn über den hohen Teigteil. Mit Milch oder Ei bestreichen und wenn aufgegangen, backen. Will man den Stollen mit Zuckermasse überziehen, so wird er mit Milch bestrichen. Gleich nach dem Backen wird die Zuckerglasur rasch darübergestrichen und der Stollen noch für einige Minuten ins Rohr geschoben, damit der Zucker trocknen kann. Noch besser schmeckt der Stollen mit Kakaoglasur. **Zuckerglasur:** In 3 Eßl. Wasser (etwas Zitronensaft oder Rum, Arrak) gibt man 200 – 250 g durchgesiebten Puderzucker und rührt fleißig um, bis die Glasur dickflüssig und glänzend ist, wie sie dann auf den Stollen gestrichen wird. **Kakaoglasur** erhält man durch Unterrühren von 1 Eßl. Kakao. Im Backrohr einige Minuten trocknen lassen.

Böhmischer Weihnachtsstriezel

1000 g Mehl, 60 g Hefe, 250 g Zucker, 1/3 – 1/2 l Milch, 250 g Butter, 2 Eigelb, 100 g Rosinen, 100 g geschälte, dünn geschnittene Mandeln, 70 g feingeschnittenes

Aus den angegebenen Zutaten einen Hefeteig bereiten und diesen gut aufgehen lassen. Darauf den Teig in 9 gleiche Stücke teilen und jedes zu einer langen Rolle formen. Aus 4 Rollen auf einem gefetteten Blech die Unterlage des Striezels flechten, aus 3 Rollen die mittlere Lage und aus 2 Rollen den obersten Teil. Die Enden des obersten Teiles fest andrücken und unter den untersten Teil stekken. Den Striezel mit zerlassener Butter bestreichen, an einem

Zitronat, 1 Flasche Bittermandelöl oder einige geschälte, dünn geschnittene bittere Mandeln, 1/2 Tl Salz, etwas Anis, etwas Muskatgewürz, abgeriebene Schale 1 Zitrone – Zum Bestreichen: etwa 80 g zerlassene Butter – zum Bestreuen: Puderzucker

warmen Ort zugedeckt etwa 1/2 Stunde gehen lassen und dann im vorgeheizten Rohr langsam backen. Ist der Striezel fertig, nochmals mit Butter bestreichen und dick mit Puderzucker bestreuen.

Striezel, gut

1000 g Mehl, 150 g Butter oder Schmalz, 150 g Zucker, 3 Eigelb, 45 g Hefe, Salz, Zitronenschale, Rosinen

1000 g Mehl, 150 g Butter oder Schmalz, 150 g Zucker, 3 Eigelb, 45 g Hefe, Salz, Zitronenschale, Rosinen.

Striezel, fein

1000 g Mehl, 250 g Schmalz, Salz, 5 Eigelb, 250 g Zucker, 50 g Hefe, Zitronenschale, 100 g Rosinen, 100 g Mandeln, 5 bittere Mandeln

1000 g Mehl, 250 g Schmalz, Salz, 5 Eigelb, 250 g Zucker, 50 g Hefe, Zitronenschale, 100 g Rosinen, 100 g feingehackte, geschälte Mandeln (5 bittere, geriebene Mandeln).

Schneekoppenstriezel

Striezelteig fein, 100 g Zitronat, 100 g Rosinen, 50 g Pistazien

wird eingemacht wie feiner Striezelteig, doch gibt man noch 100 g fein länglich geschnittenes Zitronat dazu sowie 100 g schwarze Rosinen, 50 g Pistazien.

Gebäck

Egerländer Schnecken

Teigzutaten: 150 g trockener Quark, 6 El Milch, 6 El Öl, 75 g Zucker, 1 Pck. Vanillezucker, 1 Prise Salz, 200 g Mehl, 100 g Speisestärke, 1/2 Pck. Backpulver
Füllung: 50 g Zucker, 1 Pck. Vanillezucker, 75 g Rosinen, 75 g Korinthen, 75 g gehackte Mandeln, 30 g Butter oder Margarine

Quark durch ein Sieb streichen, mit Milch, Öl, Zucker, Vanillezucker und Salz verrühren. Die Hälfte des mit Speisestärke und Backpulver gemischten Mehls mit der Masse vermengen, dann das restliche Mehl dazugeben und alles zu einem glatten Teig verkneten. Den Teig zu einem 45 x 35 cm großen Rechteck ausrollen, mit Butter oder Margarine bestreichen, die übrigen Füllungszutaten darauf verteilen, die Teigplatte von der Schmalseite her aufrollen. 1 – 2 cm dicke Scheiben abschneiden, auf ein gefettetes Blech geben und leicht andrücken, dann backen.

Mandelschnecken aus Quark-Öl-Teig

Teigzutaten: 150 g trockener Quark, 6 El Milch, 6 El Öl, 75 g Zucker, 1 Pck. Vanillezucker, etwas Salz, 300 g Mehl, 1 Pck. Backpulver.
Füllung: 100 g gehackte Mandeln, 75 g Zucker, 1 Pck. Vanillezucker, 50 g Korinthen, Butter zum Bestreichen, Zuckerglasur.

Verarbeitung wie Egerländer Schnecken

Powidl-Brot

250 g Zucker, 1/4 l warmes Wasser, 250 g Powidl (Pflaumenmus), abgeriebene Schale und Saft 1 Zitrone, 2 El Rum, 1 Tl Zimt, 1/2 Tl Nelkenpulver, 1 Msp Muskat, 400 g Mehl, vermischt mit 1 Päckchen Backpulver

Den Zucker bräunen, bis er sich auflöst, gleich mit dem warmen Wasser ablöschen und gut verrühren. Vom Feuer nehmen, Powidl daruntermengen, Zitronensaft, Zitronenschale, Rum und Gewürze beifügen. Die Masse auskühlen lassen und das mit dem Backpulver vermischte, gesiebte Mehl einrühren. Der Teig darf nicht zu steif sein. Wenn nötig noch etwas Wasser unterrühren. Den Teig in eine gut gebutterte, mit Mehl ausgestäubte Rehrückenform füllen und im vorgeheizten Rohr backen. Über Nacht stehen lassen und erst am nächsten Tag in Stücke schneiden.

Faschingskrapfen

Beim Krapfenbacken ist folgendes zu merken: Das Mehl anwärmen, das Nudelbrett warm halten, das Brett, auf welchem die Krapfen aufgehen sollen, ebenfalls anwärmen. In der Küche muß es warm sein, kein Eiweiß in den Teig geben. Zum Backen halb Fett, halb weißes Naturfett verwenden oder Öl. Sobald die Krapfen aufgegangen sind und ins heiße Fett gelegt werden, mit einem Deckel zudecken, damit sie aufgehen, sobald sie gewendet sind, nicht mehr zudecken. Nach dem Backen gleich mit Zucker bestreuen, damit er haften bleibt. Das Eiweiß verwendet man meist zur Herstellung von Nuß-Mandel- oder Kokos-Makronen.

Krapfen, einfach

1000 g Mehl, 50 g Hefe, 100 g Butter, 2 – 3 Eigelb, 120 g Zucker, 2 Eßl. Rum, Zitronenschale, etwas Salz.

1000 g Mehl, 50 g Hefe, 100 g Butter, 2 – 3 Eigelb, 120 g Zucker, 2 Eßl. Rum, Zitronenschale, Salz.
Zubereitung wie bei Faschingskrapfen beschrieben.

Krapfen, bessere

560 g Mehl, 35 g Hefe, 80 g Butter, 5 Eigelb, 90 g Zucker, 2 Eßl. Rum, etwas Salz, Schale und Saft 1/2 Zitrone

560 g Mehl, 35 g Hefe, 80 g Butter, 5 Eigelb, 90 g Zucker, 2 Eßl. Rum, etwas Salz, Schale und Saft 1/2 Zitrone.
Zubereitung wie bei Faschingskrapfen beschrieben.

Krapfen, fein

850 g Mehl, 150 g Butter, 80 g Zucker, 6 Eigelb und 50 g Hefe (Rum u. Zitronenschale).

850 g Mehl, 150 g Butter, 80 g Zucker, 6 Eigelb und 50 g Hefe (Rum und Zitronenschale).
Zubereitung wie bei Faschingskrapfen beschrieben.

Kipfel mit Buttereinlage

feiner Hefeteig, 120 g Butter, 80 g Mehl, Ei, Zucker, Mandeln

Man nimmt etwas feinen Hefeteig und walkt ihn aus. Vorher knetet man 120 g Butter mit 80 g Mehl in kaltem Raum gut durch und walkt es aus, belegt damit den halben Hefeteig, schlägt den Hefeteig darüber und schlägt ihn noch 4 – 5 mal zusammen. Nun walkt man den Teig wieder aus, schneidet Dreiecke und rollt sie zu Kipfeln, legt sie auf ein Blech, läßt sie aufgehen, bestreicht sie mit Ei, bestreut sie mit Grobzucker und feingehackten Mandeln.

Kipfel, gefüllt

Butterteig siehe „Kipfel mit Buttereinlage

Bereitet man dieselbe Butterteigmasse wie vorher beschrieben, so kann man die Kipfel auch füllen mit Mohn, Topfen oder Powidl, nur muß letztere etwas fester sein als zu Kuchen oder man füllt die Kipfel mit Nußfülle.

Mohnfülle

Mohn,
Milch,
Zimt,
Zucker,
Zitronenschale

Dieser wird gemahlen oder gequetscht. In einer Kasserolle wird Milch gekocht und in diese gießt man den Mohn ein und läßt ihn 1/4 Stunde unter öfterem Rühren aufkochen. Nur beachte man, daß er nicht zu fest oder zu locker wird, was man mit Milchzugießen reguliert. In den ausgekühlten Mohn gibt man gestoßenen Zimt, Zucker, Zitronenschale.

Topfen-Quark-Fülle

Quark, 1 Ei,
Zucker, Salz,
Zitronenschale,
2 – 3 bittere Mandeln,
Butter,
Rosinen,
Grieß

Zum Topfen, der meist weich ist, gibt man 1 Ei, etwas Zucker, Salz, Zitronenschale (sehr feinen Geschmack geben 2 – 3 bittere Mandeln). Ist der Topfen zu weich, so drückt man die Molke durch ein sauberes Tuch ab und kann zur Verfeinerung etwas weiche Butter daran geben. Auf den Topfenkuchen streut man saubere Rosinen. Soll der Topfen sehr fest sein, so kann man Grieß beimengen, der durch Aufquellen festigt.

Heinele-Schnitten

250 g Schokopulver,
250 g Puderzucker,
250 g Palmin,
4 Eier,
2 Päckchen Vanillezucker,
12 Oblaten

250 g Schokoladenpulver, 250 g Puderzucker, 250 g Palmin, 4 Eier, 2 Päckchen Vanillinzucker, 12 große Oblaten.
Zubereitung: Palmin und Zucker auf dem Feuer zergehen lassen, Schokoladenpulver und Vanille dazugeben, fleißig umrühren, dann die Eier dazu und bis zum Kochen rühren. Vom Feuer wegnehmen und im warmen Wasserbad stehen lassen. Dabei die Oblaten bestreichen, eine auf die andere Bestrichene legen, zuletzt eine Oblate und dann drei Tage im Kalten stehen lassen, möglichst etwas pressen. Dann mit scharfem Messer in schiefe Vierecke schneiden, die Längsseite etwa 2 1/2 cm, die Breitseite 1 1/2 cm. Nur in der kalten Jahreszeit zubereiten. In Dosen länger haltbar.

Fragezeichen, gut

100g Butter, 300g Mehl, 8 Eßl. Milch, 100 g Zucker, 1/2 P. Backpulver, Vanillezucker

100 g Butter, 300 g Mehl, 8 Eßlöffel Milch, 100 g Zucker, 1/2 Päckchen Backpulver und etwas Vanillezucker gut vermengen, Fragezeichen formen und backen.

Muscheln

200 g Mehl, 1 Ei, 120 g Zucker, 2 Rippen Schokolade, 140 g Butter, Nelkenpulver, Zimt

können nur gemacht werden, wenn man Formen hat, um den Teig hineinzudrücken und darin zu backen. 200 g Mehl mit 1 Ei, 120 g Zucker, 2 Rippen Schokolade, 140 g Butter, 1 Messerspitze Nelkenpulver und Zimt, gut durchkneten, in die Form drücken und backen.

Rumbäckerei

600 g Mehl, 240 g Butter, 240 g Zucker, 1 Ei, 4 Eßl. Rum, Marmelade, Zucker

600 g Mehl, 240 g Butter, 240 g Zucker, 1 Ei, 4 Eßlöffel Rum, auf dem Nudelbrett kneten, runde Formen ausstechen, davon einige mit Fingerhut durchlöchern und backen. Eine Form wird mit Marmelade bestrichen, die Durchlochte daraufgelegt und mit Zukker bestreut.

Zimtsterne

3 Eiweiß, 210 g Zucker, 280 g Haselnüsse, 1 Eßl. Zimt

In den festen Schnee von 3 Eiweiß 210 g Zucker so lange schlagen, bis er in warmem Wasser stehend, fest ist, 280 g geriebene Haselnüsse, 1 Eßl. gestoßenen Zimt.

Lomnitzer Ringel

250 g Butter, 5 Eigelb, 50 g Hefe, 5 Eßl. Milch, 300 g Mehl, 120 g Mandeln, 1 Messerspitze Salz, Zucker, Milch, Puderzucker, Vanillezucker

250 g Butter mit 5 Eigelb abtreiben, von 50 g Hefe mit 5 Eßl. Milch einen Dampfl machen, dann einen Teig bereiten mit 300 g Mehl, 120 g feingeriebenen Mandeln und 1 Messerspitze Salz, etwas Zucker, wenig Milch, den man aufgehen läßt. Man formt Ringe oder Brezeln daraus, bäckt licht, bestreicht danach mit lauem Wasser und wälzt in Puderzucker, dem man ein Päckchen Vanillezucker beigefügt hat. In geschlossener Dose lange mürbe und haltbar.

Karlsbader Ringerln

160 g Butter, 80 g Zucker, 6 gekochte Eigelb, 240 g Mehl, Zitronenschale

160 g Butter mit 80 g Zucker, 6 gekochte Eigelb fein zerdrückt, 240 g Mehl, Schale einer halben Zitrone, feingehackt, durchkneten, 1/2 Stunde ruhen lassen. Man macht Ringeln daraus und bäckt sie.

Kleine Linzerkuchen mit Kranzerln

100g Butter, 140g Mehl, 2 harte Eier, 1 Eßl. Zucker, 1/2 Zitrone, 30 g Haslnüsse, Marmelade, Eigelb

100 g Butter, 140 g Mehl, 2 zerdrückte hartgekochte Eier, 1 Eßl. Zucker, Schale und Saft von 1/2 Zitrone, 30 g geriebene Haselnüsse, auf dem Brett gut kneten, auswalken, runde Formen ausstechen, ein rundes Kranzel darauf, mit Eigelb bestreichen, lichtgelb bakken, mit Zucker bestreuen, in die Runde oben Marmelade geben.

Kleine Bäckerei 1

110 g Butter, 450 g Mehl, 2 Eigelb, 450 g Zucker

110 g Butter, 450 g Mehl, 2 Eigelb, 450 g Zucker. Durchkneten, auswalken, beliebige Formen ausstechen, backen.

Kleine Bäckerei 2

140 g Mehl, 140 g Zucker, 140 g Butter, 100 g Mandeln, 1 Ei, 2 Eigelb

140 g Mehl, 140 g Zucker, 140 g Butter, 100 g geriebene Mandeln, 1 ganzes Ei und 2 Eigelb. Durchkneten, ausstechen, backen, mit Vanillezucker bestreuen.

Bäckerei zum Tee

3 Eigelb, 150 g Zucker, 150 g Mehl, 3 Eiweiß

3 Eigelb, 150 g Zucker, 150 g Mehl, den Schnee von 3 Eiweiß untereinandermengen, auf ein Blech streichen, backen, dann zerschneiden.

Kartengebäck

400 g Mehl, 250 g Zucker, 125 g Butter, 4 Eier, Zimt, 1 Messerspitze Ingwer, Nelken, Mandeln, Eiweiß

400 g Mehl, 250 g Zucker, 125 g Butter, 4 Eier, 1 Messerspitze Ingwer, etwas Zimt und Nelken, kneten, Karten schneiden, mit halben abgezogenen Mandeln belegen, mit Eiweiß bestreichen und backen.

Bärenpratzen

180 g Mehl, 140 g Butter, 110 g Zucker, 70 g Mandeln, Zimt, Nelken , Zitronenschale

180 g Mehl, 140 g Butter, 110 g Zucker, 70 g süße Mandeln, mit der Schale fein gerieben, etwas Zimt und gestoßene Nelken, Zitronenschale. Alles mengen und in Formen backen.

Damenkrapferln

210 g Butter, 100 g Zucker, 2 Eigelb, 250 g Mehl

210 g Butter mit 100 g Zucker verrühren, 2 Eigelb, 280 g Mehl. Kugeln formen, auf dem Blech backen, dann mit Zucker bestreuen.

Brezeln

160 g Mehl, 120 g Butter, 60 g Zucker, Zitronenschale, Vanillezucker

160 g Mehl, 120 g Butter, 60 g Zucker, Zitronenschale, Vanillezukker, 1 Eigelb fest kneten, Brezeln formen, mit Eiweiß bestreichen und mit geriebenen Nüssen bestreuen.

Wiener Brezeln

180 g Mehl, 180 g Butter, 90 g Zucker, 90 g Schokolade

180 g Mehl, 180 g Butter, 90 g Zucker, 90 g Schokolade (in der Röhre erweicht), zu einem Teig kneten, Brezeln formen und backen.

Schokoladenkränzchen

125 g Zucker, 250 g Mandeln, 4 Rippen Schokolade, 2 kl. Eier, Semmelbrösel

125 g Zucker, 250 g Mandeln gerieben, 4 Rippen Schokolade, 2 kleine Eier und etwas Semmelbrösel. Kränzchen formen.

Mandelbögen

3 Eiweiß, 100 g Puderzucker, 100 g Mandeln, 1/2 Zitronenschale, 1 Eßl. Mehl, Mandeln

3 Eiweiß zu festem Schnee schlagen, dazu 100 g feinen Puderzucker und 100 g geschälte geriebene Mandeln, von einer halben Zitrone die geriebene Schale und noch 30 g abgezogene, in Streifen dünn geschnittene Mandeln und 1 Löffel Mehl dazugeben. Auf ein Blech legt man die Oblaten und bestreicht sie messerrückendick und bäckt sie halb fertig, schneidet dann die Streifen und bäckt sie fertig. Sobald die Streifen gebacken sind, legt man sie rasch auf das vorbereitete Bogenblech. Sollten sie zu hart sein, noch einen Moment ins Rohr geben. Man verwendet diese zur Herstellung von Tortenkronen.

Sudetendeutscher Lebkuchen

600 g Mehl, 250 g Zucker, 2 Eier, 30 g Butter, 10 Eßl. Milch, 1/2 Tasse Sirup oder 250 g Honigbutter, 15 g Hirschhornsalz, Zimt, Nelken, Zitronenschale oder Pumpernickelgewürz

600 g Mehl, 250 g Zucker, 2 Eier, 30 g Butter, 10 Eßlöffel Milch, eine halbe Tasse Sirup (Saft von Zuckerrüben) oder 250 g Honigbutter, 15 g Hirschhornsalz, Zimt, Nelken, Zitronenschale oder gutes Pumpernickelgewürz, abends den Teig bereiten, am anderen Tag auf ein befettetes Blech streichen und backen. Nach dem Backen noch warm in Stücke schneiden.Kann auch mit Zucker bekrustet werden.

Lebkuchen aus Linzerteig

125 g Zucker, 250 g Butter, 375 g Mehl, 6 gek. Eier

125 g Zucker, 250 g Butter, 375 g Mehl, 6 hartgekochte Eigelb, zusammengeknetet und ausgewalkt, Formen ausgestochen.

Lebkuchen, einfach

350 g Mehl, 120 g Zucker, 2 Eßl. Honig, 1/2 Pck. Backpulver, 2 Eier, 1 Msp. Zimt, Nelken, Neugewürz, 5 Eßl. Milch

350 g Mehl, 120 g Zucker, 2 Eßl. Honig, 1/2 Päckchen Backpulver, 2 ganze Eier, 1 Messerspitze gestoßenen Zimt, Nelken, Neugewürz, 5 Eßlöffel Milch gut durchkneten, auswalken, Formen ausstechen, mit Zuckerwasser bestreichen und backen.

Wiener Tascherln

420 g Mehl, 280 g Butter, 140 g Zucker, 4 Eigelb

420 g Mehl aufs Brett, 280 g Butter, 140 g Zucker, 4 Eigelb, durchkneten, auswalken, Dreiecke schneiden, eine Fülle in die Mitte, die Ecken gegen die Mitte einschlagen.

Kleines Christbaumgebäck

370 g Weizenmehl, 125 g Butter, 200 g Zucker, 2 Eigelb, Zimt, 1 Pck. Backpulver

Man bereitet aus 370 g feinem Weizenmehl, 125 g Butter, 200 g Zucker, 2 Eigelb, etwas Zimt und 1 Päckchen Backpulver einen glatten Teig, der sich auswalken läßt. Man läßt ihn einige Stunden an einem kalten Ort stehen, rollt ihn dünn aus, sticht Figuren aus, die mit Eigelb bestrichen und grobem Zucker bestreut werden. Bei nicht zu starker Hitze backen.

Vanillekipfel ohne Ei, Nr. 1

250 g Mehl, 210 g Butter, 100 g Haselnüsse oder Mandeln, 70 g Zucker, Vanillezucker

Auf dem Nudelbrett werden gut vermengt: 250 g Mehl, 210 g Butter, 100 g feingeriebene Haselnüsse oder Mandeln, 70 g Zucker. Man schneidet walnußgroße Stückchen aus, walkt sie aus, macht runde Kipfel daraus, die licht gebacken und danach in Vanillezucker gewälzt werden.

Vanillekipfel ohne Mandeln, Nr. 2

500 g Mehl, 250 g Butter, 200 g Zucker, 2 Eier, Salz, Zitronenschale, Vanillezucker, Saft 1/2 Zitrone

500 g Mehl, 250 g Butter, 200 g Zucker, 2 Eier, etwas Salz, Saft einer halben Zitrone, abgeriebene Zitronenschale gut durchkneten, Kipfel formen, backen und zuletzt in Vanillezucker wälzen.

Vanillekipfel mit Mehl und Mandeln, Nr. 3

120 g Mehl, 200 g Butter, 70 g Zucker, 100 g Mandeln, Vanillezucker

120 g Mehl, 200 g Butter, 70 g Zucker, 100 geriebene (vorher gebrühte und abgezogene) Mandeln untereinandermengen, Kipfel formen, licht backen und noch warm in Vanillezucker wälzen.

Keks

750 g Mehl, 4 Eier, 140 g Butter, 250 g Zucker, 1 Pck. Backpulver, Glasur nach Belieben
1150 g Mehl, 500 g Zucker, 5 Eier, 120 g Butter, 1/4 l Sauerrahm, 1 1/2 Päckchen Backpulver, Vanillezucker, Zitronenschale

Nr. 1: 4 ganze Eier mit 750 g Mehl, 140 g Butter, 250 g Zucker und 1 Päckchen Backpulver werden auf dem Nudelbrett zu einem festen Teig durchgeknetet, ausgewalkt, Formen ausgestochen und auf gefettetem Blech licht gebacken. Das fertige Gebäck kann mit Zucker oder Schokoladenguß, auch mit farbiger Glasur verziert werden.
Nr. 2: 1150 g Mehl, 500 g Zucker, 5 ganze Eier, 120 g Butter, 1/4 l guten sauren Rahm, 1 1/2 Päckchen Backpulver, etwas Vanillezucker oder Zitronenschale werden auf dem Nudelbrett gut durchgeknetet. Vor dem Ausrollen teilt man die Masse in kleinere Portionen, walkt jede für sich aus, sticht Formen aus und bäckt auf einem gefetteten Blech. Wenn die Kekse einige Tage liegen, sind sie weich.

Stefaniekeks, billig und gut

280 g Mehl, 160g Kartoffelmehl oder 3 Pck. Puddingpulver, 60g Butter, 100g Zucker, 1 Pck. Backpulver, 7 Eßl. Sauerrahm

280 g Mehl, 160 g Kartoffelmehl oder 3 Päckchen Puddingpulver, 60 g Butter, 100 g Zucker, 1 Päckchen Backpulver, 7 Eßlöffel sauren Rahmen (im Notfall Milch) gut vermengen, ausrollen, Formen ausstechen und licht backen (für Figuren geeignet, wie Hasen, Schneemänner usw.).

Schaumbäckereien im Wasserbad vorbereitet

6 Eiweiß, 420 g Zucker

6 Eiweiß werden in einem Emailletopf in einer Kasserolle mit ziemlich heißem Wasser mit 420 g Zucker zu Schnee geschlagen und dann noch in kaltem Raum ohne Wasser weiter geschlagen, bis

der Schnee fest ist. Davon werden kleine Häufchen auf ein gefettetes Blech gegeben und langsam gebacken.

Mandelkipferl

110 g Mandeln, 210 g Butter, 2 Eßl. Zucker, 2 Eigelb, 280 g Mehl

110 g geschälte, geriebene Mandeln, 210 g Butter, 2 Eßlöffel Zucker, 2 Eigelb, 280 g Mehl, 2 Stunden ruhen lassen, Kipfel formen und backen.

Kokoskipfel, sehr fein

150 g Puderzucker, 2 Eier, 80 g Butter, 100 g Kokosmehl, 100 g Weizenmehl, 1/2 Pck. Backpulver, Zitronenschale

Ein feines Gebäck entsteht, wenn man 150 g gesiebten Puderzucker mit 2 ganzen Eiern, der abgeriebenen Schale einer Zitrone 20 Minuten schaumig rührt. Nun gibt man 80 g zerlassene Butter, 100 g Kokosmehl, 100 g Weizenmehl und 1/2 Päckchen Backpulver dazu, so daß eine dicke Masse entsteht, formt fingerdicke Rollen am nicht bestaubten Nudelbrett, taucht sie in Kokosmehl, legt sie auf ein gut gefettetes Blech und läßt sie über Nacht stehen. Am nächsten Tag bäckt man sie bei gelindem Feuer licht in der Röhre (Ergibt etwa 50 Stück).

Kokosbusserln-Makronen

3 Eiweiß, 210 g Puderzucker, 210 g Kokosmehl

In den festen Schnee von 3 Eiweiß gibt man 210 g feingesiebten Puderzucker, 210 g Kokosmehl, sticht mit dem Kaffeelöffel kleine Portionen ab und formt kleine Häufchen auf dem gefetteten Blech und bäckt sie ziemlich rasch lichtgelb in der Röhre.

Haselnußbusserln-Makronen

2 Eiweiß
210 g Zucker,
210 g Haselnüsse,
Oblaten

In den festen Schnee von 2 Eiweiß 210 g Zucker, 210 g feingeriebene Haselnüsse gut einmengen, mit dem Löffel kleine Häufchen auf ein gut gefettetes Blech setzen oder auf Oblaten und lichtgelb backen.

Haferflockenbusserln-Makronen

120 g Haferflocken,
150 g Mehl, 40 g Fett,
80 g Zucker, 1 Ei,
1/2 Pack. Backpulver,
4 EL Milch

120 g Haferflocken, 150 g Mehl, 40 g Fett, 80 g Zucker, 1 Ei, 1/2 Päckchen Vanillezucker, 4 Eßlöffel Milch auf dem Brett vermengen, kleine Häufchen auf ein gefettetes Blech setzen und licht backen.

Lichtes Spritzgebäck

600 g Mehl,
125 g Butter,
250 g Zucker,
3 Eier,
1 Pck. Backpulver,
1 Eßl. Rumaroma,
Zitronenschale

600 g Mehl, 125 g Butter, 250 g Zucker, 3 Eier, 1 Backpulver, 1 Eßlöffel Rum (Aroma), Zitronenschale gut zu einem glatten Teig verarbeiten und kaltstellen, damit er fest wird. Dann gibt man ihn durch die Fleischmaschine, in die man statt des Messers und des Siebes das Blech mit der Sternenfigur eingesetzt hat. Die herauskommenden Würstchen mit der Schere bei 15 – 20 cm Länge abschneiden und auf gefettetem Blech zu Ringen, Fragezeichen, Ziffern und dergleichen formen, ganz licht backen

XI. Verschiedenes

Kalte Eiertunke mit gefüllten Eiern

6 – 8 Eier,
Essig, Öl, Salz,
Pfeffer, Senf,
1/4 l Rahm

6 bis 8 Eier, hartgekocht, schneidet man in der Mitte durch. Die Eigelb werden fein zerdrückt und mit Essig und Öl fein verrührt, so daß eine ziemlich dicke Masse entsteht. Salz und feingestoßenen Pfeffer hinein und ziemlich lange zu einer schaumigen Masse rühren, und zuletzt etwas Senf und 1/4 Liter zu Schnee geschlagene Sahne leicht daruntermischen. Nun gießt man diese dickliche Tunke in eine flache Schüssel. Aus den Eiern, die man entweder der Länge oder der Quere nach durchgeschnitten hat, ist das Eigelb entfernt, das Eiweißschüsselchen wird also in die Tunke gelegt und die Höhle mit folgender Fülle ausgefüllt:

Fülle:
Fleischreste, Sardelle,
1 EL Kapern,
1 EL Sauerrahm,
Eiertunke, Senf,
Pfeffer, Salz

Überbleibsel von Fleisch, Schweinefleisch oder Kalbfleisch, Selchfleisch oder Zunge, Huhn, Fisch werden mit dem Messer in Stückchen gehackt, eine feingehackte Sardelle, ein Eßlöffel feingehackte Kapern, ein Eßlöffel sauren Rahm, etwas Eiertunke, welche aus dem Eigelb bereitet wurde, etwas Senf, gestoßenen Pfeffer und Salz werden dazugegeben. Alles gut durcheinandermengen und in die Eiweißschüsselchen füllen.

Eiercreme, sauer (Mayonnaise)

10 Eigelb, Butter,
Fleisch-, Fischsuppe,
Zucker, Salz,
Weinessig,
Zitronensaft,
weißer Pfeffer,
Essig, 1/3 l Sahne

... zum falschen Thunfisch, zur Hühnerpastete, zum Fischsalat oder zum Welschsalat.
Für eine Person rechnet man ein Eigelb. 80 g zerlassene Butter, 10 Löffel Fleischsuppe (besser ist Fischsuppe), 10 rohe Eigelb, etwas Zucker, Salz und Weinessig, Zitronensaft nach Belieben und ein bißchen weißen Pfeffer stellt man in einem Topf auf den Ofen, rührt fleißig im Wasserbad, bis es dicklich ist, aber läßt es nicht kochen. Dann stellt man den Topf weg und rührt die Masse, bis sie kalt ist. 1/3 Liter Schlagsahne festschlagen und die gekochte, kalte Masse löffelweise dazu. Zuletzt nach Bedarf Essig und Salz.

Gurken in Essig einlegen

Gurken, Essig, Dill, 1 Lorbeerblatt, Pfeffer, Piment, Kren

Man legt kleine, gutgewaschene Gurken in ein Glas oder Faß und beschwert diese mit etwas, kocht Essig ab und gießt ihn abgekühlt darüber, gibt etwas Dill, ein Lorbeerblatt, bißchen Pfeffer und Piment dazu und obenauf Kren, der vor Fäulnis schützt. In einigen Tagen sind die Gurken zu essen. Will man die Gurken lange frisch erhalten, so gießt man das Essigwasser nach drei Wochen ab, kocht es, schäumt es ab und gießt es kalt wieder über die Gurken. Beschweren!

Wie dörrt man Petersilie und Sellerieblätter?

Im Herbst schneidet man noch jüngere Petersilie- und Sellerieblätter und ab, wäscht sie und streut sie auf ein Tuch, das man einrollt und läßt es eine oder mehrere Stunden liegen, damit sich das Wasser aufsaugt. Dann trocknet man die Blätter auf einem trockenen Tuch im Schatten oder auf einem Backblech, indem man dieses nach dem Kochen auf die lauwarme Herdplatte stellt.

Majoran, Thymian und andere Küchenkräuter, getrocknet

Diese Küchenkräuter werden, bevor sie in die Blüte gehen, mehrmals im Garten abgeschnitten und, wie vorher beschrieben, getrocknet.

Kalte Obstschalen

Dreifruchtschale. Man schneidet zwei saftige Äpfel in kleine Scheibchen und vermischt sie mit den ebenso kleinen Stückchen von drei Apfelsinen und zwei Bananen, wobei man sie mit Zucker unterstreut und mit alkoholfreiem Apfelwein anfeuchtet. 1 bis 2 Stunden ziehen lassen.

Aprikosen- oder Pfirsichkaltschale. 1000 g Früchte werden entsteint und die Hälfte davon in Scheiben geschnitten und mit Zucker bestreut. Die andere Hälfte Frucht wird durch die Hackmaschine getrieben, mit Zucker gesüßt, mit Wasser und alkoholfreiem Traubenwein verdünnt und über die in Scheiben geschnittenen Früchte geschüttet. Einige Zeit ziehen lassen.

Bananenkaltschale. Fünf Bananen mit Zucker bestreut in eine Schale legen, fünf andere Bananen durch den Sieb drücken und mit Zucker, Wasser und alkoholfreiem Wein oder Sahne vermischt über die zerschnittenen Früchte schütten.

Erdbeerkaltschale. Man nimmt 1500 g Erdbeeren, die man einmal durchschneidet, mit Zucker bestreut und mit Milch oder Sahne übergießt.

Himbeerkaltschale wie Erdbeerkaltschale, die Himbeeren werden mit der Gabel ein wenig zerdrückt.

Heidelbeerkaltschale wie Himbeerkaltschale.

Johannisbeerkaltschale. 500 g Beeren entstielen, die Hälfte durch die Fruchtpresse treiben und mit Zuckerwasser vermischt über die anderen eingezuckerten Beeren schütten.

Vergorene Fruchtsäfte

Die Beeren werden ungewaschen zerdrückt und ausgepreßt. In einem 5-Liter-Glas, Steintopf oder irdenen (niemals Metall- oder Aluminiumtopf) den Saft in kühlen Raum stellen. Es darf an die Schüssel nicht gestoßen werden. Der Saft gerät in Gärung, die in 5 bis 8 Tagen vollendet ist; auf der Schimmeldecke zeigen sich dann kleine, klare Perlchen. Nun nimmt man diese Decke vorsichtig ab und gieße den Saft durch einen Leinwandfleck. der Saft wird darauf abgewogen und mit Zucker versetzt (auf 500 g Saft rechnet man 500 g Zucker), langsam zum Kochen gebracht. Nachdem man ihn geschäumt hat, läßt man ihn noch einige Minuten stark kochen. Der Saft wird in reine, trockene Flaschen warm eingefüllt. Die Flaschen bleiben offen, mit einem Tuch überdeckt, bis zum völligen Erkalten stehen. Zuletzt werden sie gut verkorkt.
Man gibt auch auf 500 g Saft nur 250 g Zucker und nach dem Kochen noch eine Messerspitze Einsiedehilfe, läßt noch einmal aufkochen und füllt noch warm in Flaschen. Weiter wie oben angegeben.

Erfrischender Obstsaft

Von allen Früchten kann der Saft bereitet werden. Drei Liter Beeren zerdrücken und zwei Liter Wasser zugeben, mit dem Kochlöffel verrühren, dann 50 g Weinsteinsäure dazu und 24 Stunden in den Keller stellen. Dann durch ein reines Tuch pressen, 3 bis 4 Stunden setzen lassen, und dann den oberen reinen Saft nochmals durch ein Tuch laufen lassen, damit er ganz klar ohne Satz ist. Dann 600 g Zucker darin auflösen, mit dem Holzlöffel umrühren. In Flaschen füllen, mit Mull zubinden. Schmeckt sehr gut auch in Tee. Anleitungen und Apparate zur Herstellung alkoholfreier naturreiner Säfte und Süßmoste sind käuflich zu haben.

Eierkognak

4 Eigelb,
300 g Zucker,
5/8 l Milch,
1 Päckchen Vanillezucker,
1/4 l Alkohol,
1 TL Kartoffelmehl

Vier Eigelb, 300 g Zucker, fünf Achtel Liter Milch, ein Päckchen Vanillezucker, 1/4 Liter Alkohol. Dotter mit Zucker gut rühren, inzwischen die Milch mit dem Vanillezucker kochen lassen. Nach dem Erkalten mit Zucker und Eigelb verrühren, dann das Gefäß ins Wasserbad auf die Herdplatte stellen und rühren, bis die Masse dick ist. Vom Herd wegstellen und bis zum Erkalten weiterrühren, dann erst langsam den Alkohol zusetzen und in die Flasche füllen, wenn alles kalt ist. (Man kann in die Kochmasse im Wasserbad auch einen Teelöffel Kartoffelmehl mit einrühren, damit die Masse dicker wird, sonst müßten noch mehr Eigelb genommen werden.)

Nußlikör von Walnüssen

10 – 15 Walnüsse,
6 Nelken,
Zimt im Ganzen,
Schale von 1 Orange,
1 l Alkohol (90%),
375 g Zucker,
1/2 l Wasser

10 bis 15 frische Walnüsse, welche man im Juni erhalten kann, werden in kleine Scheiben geschnitten, in ein Glas gegeben, ferner 6 Nelken, ein Stück ganzer Zimt, und von einer Orange die feine Schale. Ein Liter 90prozentigen Alkohol darüber gießen, gut zubinden und 14 Tage an der Sonne stehen lassen. Dann gibt man den Inhalt des Glases in ein Tuch und preßt es fest aus. Der Alkohol kommt wieder in das Glas zurück. Vorher hat man 375 g Zucker in 1/2 Liter Wasser gekocht und erkalten lassen und wird nun zu dem Alkohol zugegossen. Dann läßt man ihn wieder 10 bis 14 Tage gut verkorkt stehen, gießt ihn dann in eine andere Flasche durch ein Filterpapier, damit er rein wird und korkt die Flasche fest zu.

Weichsel- oder Schwarzbeerlikör

1/2 l Weichseln- oder Schwarzbeeren, 1 l Alkohol (90%), Zutaten s. Nußlikör

1/2 Liter Weichseln oder Schwarzbeeren werden in einem Liter 90prozentigen Alkohol in Flaschen gefüllt, mit den gleichen Zutaten wie beim Nuß-Likör vorher beschrieben und so weiter behandelt.

Holunderlikör

2 l Beeren, 2 l Wasser, 800 g Zucker, Zimt, Nelken, Vanille, 1/2 l Alkohol (90%)

Zwei Liter gewaschene Beeren, zwei Liter Wasser drei Tage stehen lassen, öfter umrühren, 3/4 Stunde kochen, abseihen, 800 g Zucker, etwas Zimt, Nelken, Vanille zugeben, dies noch 1 Stunde kochen, auskühlen, 1/2 Liter Alkohol dazu und in Flaschen gut verkorken.

Vanillinwein

1/2 l Rotwein, 1/2 l Wasser, 500 g Zucker. 1 Vanilleschote, 1/2 l Rum

1/2 Liter guter Rotwein, 1/2 Liter Wasser, 500 g Zucker, eine Schote Vanille, klein geschnitten, alles wird gekocht, bis der Zucker aufgelöst ist. 1/2 Liter guten Rum dazu und in Flaschen gut verkorken.

Glühwein

1/2 l Rotwein, Zimt, Nelken, 120 g Zucker, Zitronensaft oder Schale einer Zitrone

1/2 Liter Rotwein, eine Messerspitze Zimt und Nelken mit 120 g Zucker aufkochen lassen, etwas Zitronensaft oder Schale und heiß trinken.

Waldmeisterwein

1 Flasche Wein,
180 g Zucker,
Waldmeister,
1 Scheibe Orange

Auf 1 Flasche leichten Wein:
180 g Zucker, eine Handvoll Waldmeister, eine Scheibe Orange, läßt das Ganze in einem Suppentopf zugedeckt stehen, seiht ab und kann trinken.
Dieser Wein ist nicht zum Aufheben bestimmt.
Wenn man ihn aufheben will, so darf man nur den Waldmeister 20 Minuten ziehen lassen, den Wein in Flaschen füllen und so ist er lange haltbar. Erst vor dem Gebrauch gibt man Zucker und Orange dazu und läßt ihn zugedeckt stehen.

XII. Gedanken über Essen und Trinken in Böhmen

Vom guten Essen

„Re(d)n ma a wen(g) van goutn Essn!" Das war bei uns in der Graslitzer Gegend ein gern gebrauchter Ausspruch und damit hatten wir etwas mit den Schweizern gemeinsam. Tatsächlich hielt man bei uns schon etwas vom Essen. Freilich ging es dabei nicht unbedingt um Delikatessen, sondern um eine gut bürgerliche Küche, wie sie in Böhmen nun mal zu Hause war. Man könnte vielleicht noch sagen, daß sie bei uns eine Erzgebirgsvariante hatte – und das waren die „båchna Knö(d)la".

Man kann sagen, daß eine solche gute Küche damals nur möglich war, weil sich unsere Köchinnen so viel Mühe machten. Mit den Zutaten selbst mußte man ja sparsam umgehen. Das war auch auf den Dörfern und den Bauernhöfen so.

Fleisch gab es fast täglich – außer am Freitag – aber die Portionen waren doch recht bescheiden, im Vergleich zu heute. Wenn man vom guten heimatlichen Essen redet, dann kommt man einfach nicht umhin, eine kleine Aufzählung vorzunehmen. Die Vorsuppe gehörte auf den Mittagstisch. Da gab es selbstgemachte Nudeln, Eierstich, Griesnockerln, Brotsuppe und am Sonntag eine Franzen- oder eine wohlschmeckende Leberknödelsuppe.

Von den Eintopfsuppen hielt man bei uns nicht viel – der Name selbst kam erst während des Krieges auf. Es gab aber am Samstag schon einmal eine Erdäpfel- oder Graupensuppe. Wenn ein Stück Geräuchertes enthalten war, schmeckten die ganz besonders gut.

Jetzt müßte man die ganze Knödelpalette aufzählen, wie die erwähnten „Gebackenen", die Schnåppa, Mehl- und Semmelknödel. Die Kartoffeln selbst waren zum Mittagessen nicht so beliebt. Für den Sonntag wären sie unmögich gewesen. Zu den Knödeln gab es meist ein „Schweinernes" oder auch die verschiedenen Braten vom Rind und Kalb. Das fette Fleisch konnte man damals noch recht gut vertragen, da es auch in bescheidenen Portionen gegessen wurde. Mit dem Gemüse hielt man es nicht so sehr. Salat, Gurken und Kraut bildeten die Hauptvitamingeber. Doch dazu müßte man erwähnen, daß Heidel- und Preiselbeeren und auch die Pilze hier einen Ausgleich schafften. Die meisten Familien hatten davon reichlich eingewintert. So waren „Schnåppa und Schwåmmabröih" ein typisches Freitagessen oder auch gebackene Knödel mit Heidel- und Preiselbeeren, die mit Milch angemacht waren. Die guten Zwetschgen- und Pflaumenknödel in der Herbstzeit kann man nicht vergessen.

Zum Abendessen gab es oft Pellkartoffeln mit Butter und Quark; ein Essen, das ich persönlich auch heute gerne mag. Auch Milchsuppe wurde serviert. Butterbrote und Malzkaffee rundeten das Abendessen ab. Mit Wurst ging man recht sparsam um.

Viel könnte man noch erzählen. Da gab es als sonntäglichen Kuchen die „Hefnknö(d)la" oder den „Kugelhupf", im Sommer den Schwarzbeerkuchen und die guten Stollen zur Weihnachtszeit.

Man muß unseren Frauen noch nachträglich ein Kompliment aussprechen, die sich so viel Mühe machten und mit viel Liebe diese wohlschmeckenden Speisen zubereiteten.

Sollte ich jedoch mit meiner kleinen Aufzählung eine Anregung für den nächsten Mittagstisch gegeben haben – seien es nun Leberknödelsuppe oder die letzten Zwetschgenknödel oder auch wieder einmal „båchna Knö(d)la" – dann wünsche ich einen gåun Åppatit!"

Otto Werner

A gouta Suppn is woos wert!

An den frostigen Tagen zu Beginn des neuen Jahres, den Jänner und Feber umfassend, konnten sich die Menschen keinesfalls mit Stubenhocken begnügen. Das Leben ging seinen Gang, ob's g'stürmt hout oda g'schneit. Freilich griffen sie „ba ra Saukålt" zu aufwärmenden und belebenden Mitteln, za aran „Fouß- oder Mognwärma", za aran „Söißlätschatan". An den langen Abenden – ohne Fernsehen – genehmigten sie sich einen Grog, einen Punsch, einen Tee mit Rum... oder umgekehrt, einen Glühwein. Dem erstarrten Leib samt Seele wurde auf diese Weise wohlwollende Wärme zugeführt. A gouta Suppn woa(r åwa aa woos wert, wenn's üm's Ei(n)wärma gånga is.
Da(ß va aran Pfund Rindfleisch a gouta Suppn wiad, dees wäußt duh da Ålladümmst af dera Wölt. Gwieß erinnern mia Eghalanda u(n)s nu an dean Radetzki-Marsch, za dean mia als Kinna gsunga ho(b)n: „Gelwa Roubn, gelwa Roubn, gelwa Roubn san gout, wenn ma(n a Pfund Fleisch ei(n)tout".
Suppen lassen sich einteilen in „gepflegte" und gewöhnliche, in leichte und kräftige, in klare und legierte, in dicke und dünne. Die sog. „Bessergestellten" – auch die gab es bei uns – genossen ihre „Lungenstrudelsuppe", für welche man vorzugsweise ein Zickenbeuscherl zum Füllen des Strudelteiges verwendete. Echte Schildkrötensuppe und die Hirnpofesensuppe, letztere hergestellt aus Schweine- oder Kalbshirn, galten ebenfalls als Delikatesse für Feinschmecker. Die „falsche" Schildkrötensuppe bestand in der Hauptsache aus einem gekochten Kalbskopf. Um den schleimigen Charakter der „echten" in das Süppchen zu zaubern, streute man eine Handvoll Sago hinein. Dieser wie Fischeier aussehende Sago, wurde nach dem Quellen (der Schleimabgabe) wieder entfernt und durchgeseiht. Wenn man bedenkt, wieviele Arbeitsgänge für die

Herstellung eines solchen Süppchens nötig waren, dou kannt oin eigentle da Glusta draaf vagäih(n!
Eine Krebssuppe galt daheim ebenfalls als was Besonderes, sie konnten sich jedoch auch die „Normalen" leisten. Meistens holten die Buben die Krebse aus ihren Verstecken an Bachrändern, sie kannten deren Schlupfwinkel genau. Das Fangen bereitete ihnen dabei gewiß weit mehr Spaß als das „Gezusser" nach dem Kochen; denn was ist an so einem Viecherl denn schon dran? Und der Krebsgeschmack alleine? Übrigens setzte man der Krebssuppe stets einen guten Schuß Bier hinzu. Da die Krabbler beim Kochen eine rote Farbe annahmen, übertrug der Volksmund dieses „Rot" auf einen „vor Wut Schäumenden" ... „Krebsrout is dea vua(r Wout!"
Fischsuppe gehörte im Egerland am Heiligen Abend auf jeden Tisch; sie war die Nummer eins des an diesem Tage gebotenen „Neunerlei".
Als gängige Suppeneinlagen verwendeten unsere Hausfrauen Reis, Grieß, Nudeln, Graupen. Höheren Ansprüchen seitens der Suppenliebhaber genügten Eierstich, Tropfteig, Backerbsen, Grießnockerln und Nockerln aus Mehl, die meine Mutter „Knidla im Teich" nannte. Beliebt als Suppeneinlagen waren aber auch Leberknödeln, Schöberln und Fredatten, die aus ungezuckerten Omeletts, streifig geschnitten, hergestellt wurden. „Panadel"-Suppe verhalf – mit einer eingequirlten Semmel und Eiern – einer stillenden Mutter zu neuen Kräften, sie förderte zudem die Milchproduktion. Leberreis sowie Tropfteig mußten durch ein Sieb gestrichen werden. Bei all diesen Suppen bildete eine Fleischbrühe die Grundlage.
Nicht vergessen wollen wir die verschiedenen Gemüsesuppen wie Spargel-, Karfiol-, Paradeiser- und Bohnensuppe. Füa(r a Hähnasuppn mußte in den meisten Fällen a ålta Hähna herhalten. Nicht zu verachten waren die Milch-, Bier-, Gulasch-, Wurst- und

Schwammerlsuppen. Wurstsuppen gab der Fleischer häufig umsonst her. Den mehr oder weniger vorhandenen Wurstgeschmack – im Glücksfalle mit dem herumschwimmenden Inhalt einer „Geplatzten" – verbesserte die Hausfrau eben mit irgendeiner Einlage.
Die nach dem Herausnehmen der „Knidla" verbliebene Flüssigkeit, „d' Kniadlsuppn", vermischten die Egerländer Köchinnen mit in Fett gebräunten „Zwiefalan", schöpften döi „Zurl", diese sich immer wieder bildende Haut an der Oberfläche ab, so daß die „Zurlsuppn" zur „Zwieferlsuppn" wurde. Des appetitlicheren Aussehens wegen streute man a påar „Wedala" oder „Zwieflschluchtn" darüber. Auch auf dem Lande wanderte diese schleimige „Knidlsuppn" niemals in den Ausguß; wenngleich sie der Mensch nicht schlurfte, die Schweine taten dies umso genüßlicher.

Trautl Irgang

Vom Karlsbader Bier

Die erste Eintragung über die Gründung einer Bierbrauerei in Karlsbad stammt aus dem Jahre 1520. Diese alte Brauerei befand sich in unmittelbarer Nähe des Sprudels.
Im Jahr 1604 wurde sie mit vielen anderen Gebäuden der Kurstadt ein Raub der Flammen. An gleicher Stelle baute man eine neue Brauerei und dazu eine eigene Mälzerei.
Die Kurärzte empfahlen das warme Mineralwasser der Heilquellen und rieten deshalb ihren Patienten, falls sie Wein und Bier genießen möchten, den Wein vor der Mahlzeit, das Bier erst nachher zu trinken. Ob man schon den Spruch „Bier auf Wein, das laß sein" kannte?

Gegen das Vorhandensein einer Bierbrauerei in enger Nachbarschaft zur Sprudelquelle gab es wiederholt Proteste, die bis nach Wien gelangten, was schließlich den Abbruch der Anlage zur Folge hatte. Ursache war der lästige Rauch der Bräuhausschlote. Es kam zu einer Verordnung der k.k. Stadthalterei, daß in Zukunft zum Bierbrauen nur Scheitholz verwendet werden darf, doch auch das war zu wenig, bis endlich der Antrag zum Abbruch seine Gültigkeit erhielt, und da soll noch einer sagen, unsere Vorfahren waren schlechte Umweltschützer!
Die neue Bierbrauerei entstand im Jahre 1729 und befand sich am Ende der neuen Wiesenstraße, drei Jahre später wurde die Anlage in Betrieb genommen. Doch auch diese Brauerei blieb nicht vom Mißgeschick verschont. Im Jahre 1857 war es z.B. eine amtliche Verordnung, den Bierpreis zu senken. Es folgten langjährige, schleppend verlaufende Gerichtsprozesse. Im Jahre 1878 erschien in Karlsbad der bekannte Saazer Braumeister Anton Weber, ein Globetrotter unter den Bierbrauern, da er viel in der Welt herumgereist war und sich gut im Geschäftswesen auskannte.
Anton Weber erkannte sofort, daß eine Bierbrauerei in einer Kurstadt zukunftsträchtig ist. Er kaufte ein Grundstück in der Nähe des Friedhofs in Fischern. Da dieser Standort weit vom Kurzentrum lag, hatten die Karlsbader Stadtväter keine Einwände zum Bau einer Bierbrauerei.
Man schrieb den 13. 12. 1879, als der Bierbrauer Josef Doschek unter strenger Aufsicht des Gründers und Besitzers Anton Weber die ersten sechzig Hektoliter Bier braute. Im folgenden Jahr wurden schon 12 430 Hektoliter gebraut, im Jahre 1901 waren es bereits 87 000 Hektoliter, und so begann der „heilende Gerstensaft" aus der Kurstadt seinen Siegeslauf. Die Produktionszahlen stiegen von Jahr zu Jahr.
Bis auf den heutigen Tag fließt der Gerstensaft, das Karlsbader Bier, in die durstigen Kehlen.

Gerald Deistler

Kartoffeln – Erdäpfel

Auf die Einführung der Knollenfrucht in Europa soll nur kurz eingegangen werden – bekanntlich brachte der englische Seefahrer Francis Drake die Kartoffel in unser Land. Friedrich der Große war es dann, der während der großen Hungersnot 1740 die Erdfrucht als Volksnahrungsmittel entdeckte, die bis dahin nur als Zierpflanze auf Fürstenhöfen ihren Platz einnahm. Ohne die Existenz der Kartoffel wäre zwei Jahrhunderte später weder der erste noch der zweite Weltkrieg überlebt worden. Zu diesen Zeiten galten die Kartoffeln als Sattmacher, während sie heute allgemein als bescheidene Beilage „dazugehören". Manche Nahrungswissenschaftler verschreien die Knollenfrucht als Dick-, andere wieder als Schlankmacher. Sei es, wie es will, ein vollkommenes Auskommen ohne Kartoffeln schließt man auch heute noch aus. Freilich begnügt sich ein mehrköpfiger Haushalt mit der Hälfte der früher eingekellerten fünf Zentner Wintervorrat oder gar mit noch weniger.

In einem alten Küchenspruch finden wir folgendes Loblied auf die Kartoffel:

„Schön rötlich die Kartoffeln sind
und weiß wie Alabaster;
sie däu' sich lieblich und geschwind
und sind für Mann und Weib und Kind
ein rechtes Magenpflaster".

Bereits in früheren Zeiten hatten die Verzehrer der Knolle erkannt, daß ihr behutsame Behandlung anzugedeihen ist. Dunkel und trocken ist die Frucht aufzubewahren, soll sie all ihre Nährwerte erhalten.

Im Egerland griffen die Leute bezüglich der Namensgebung auf die natürliche Herkunft zurück, auf den Apfel in der Erde, dem Erd-Apfel. Der Weg vom Stecken im Frühjahr bis zum Ernten im

Herbst war für den Landmann ein mühevoller: mit „Augen" wurden sie im April/Mai in die Furchen gelegt, es mußte der richtige Zeitpunkt getroffen werden; die Aussage hierzu liefert die Kartoffel selbst: "Setzt's mi(ch im Aprül, kumm i(ch, wenn i(ch wül; setzt's mi(ch im Mai, kumm i(ch glei(ch".
Nach dem Stecken folgten mehrere Arbeitsgänge, so das Erdanhäufen, das Hacken, bei der Ernte das Ausgraben mit der Hand, das Auf- und Verlesen, das Einfüllen in Säcke, das Verladen, der Heimtransport und, wie o.e., die fruchtgerechte Lagerung.
Daß das alltägliche Auftischen der Erdäpfel im Speiseplan der Egerländer Bäuerinnen und Hausfrauen zu Spöttereien reizte, liegt auf der Hand und so stöhnte denn auch mancher Bauer und mancher Knecht:

„Erdepfl in da Fröih, z'Mittoogh in da Bröih;
af d'Nåcht in da Zeit – sua gäiht's in Aiwighkeit".

Aufgrund der Nörgeleien versuchten die Egerländerinnen, die Erdäpfel in veränderter Form vorzusetzen, obwohl dies mit Mehrarbeit verbunden war. Der Einfallsreichtum in dieser Hinsicht wuchs ständig und mit der Zeit gelang es ihnen, den Zeitaufwand mit kleinen Tricks wettzumachen.
Was unsere Ur- und Großmütter aus diesen Erdäpfeln alles fabrizierten, ist schon eine nähere Beleuchtung wert: die kleineren, in der Schale gekochten Erdäpfel – die „gånz kochtn" – ließen allerlei Variationen zu. Frisch geschält und noch warm verzehrte man sie zu angemachtem Quark oder eben nur zu Butter und Salz. Erkaltet ließen sie sich zu „a(n)gschnii(tt)nan Erdepfln" unter Zusatz von Fett, Zwiebeln, Salz und Pfeffer... braten. Diese „ganzen" Erdepfl bildeten auch die Grundlage für den Erdepflsålåt – mit Speck, Zwiebeln, Salz, Zucker, Essig und sauren Gürkchen. Verfeinerungen mittels gekochten Eiern, Wurstbröckelchen oder Tomaten mit Majonnaise und sonstwas waren in Urgroßmutters Küche nicht

üblich; der einfache Erepflsålåt ist zweifelsohne weit bekömmlicher als das zu sehr sättigende Mischmasch von heute.
Zum Egerländer Speiseplan – und das noch zu unserer Kinderzeit – zählten die „Erdepflwürschtla", mancherorts auch „Schoppala" genannt, die, mit einem Mohn/Zucker-Gemisch oder gerösteten Semmlbröseln überstreut und mit brauner Butter übergossen, eine recht schmackhafte Mahlzeit bildeten. Ein Kompott aus gedörrten Pflaumen oder Apfelmus vervollständigten das Gericht.
Die „ganz" gekochten Kartoffeln fanden freilich auch noch Verwendung für die „Erdepflspoutzn", die vor der Vermengung mit Salz, Ei und Mehl durch die "Erdepflquetschn" getrieben wurden, einem heute kaum noch erhältlichen Haushaltsgerät.
Zur Ehre der „gånzn" Erdepfl ein Sprüchl aus dem Nordgaugebiet:

„Dou hint bin i(ch vüara, va da Wintaseitn;
dou essens's d'Erdepfl mitsåmtn Häutn
u mi(t)n gånzn Gwånd;
dena san ma lusti(g … dees is koa(n Schånd!"

Die mittelgroßen Kartoffeln eigneten sich am besten zum Schälen, sie wurden zu Salz-, Kümmel-, zu Majoran- oder „a(n)brenntn" Erdepfln verarbeitet, wobei letztere, mit einem Schuß Essig und einer Einbrenne versehen, auch die Bezeichnung „sauer Erdepfl" trugen. Sie und die „Majoran"-Erdepfl bedachte der Volksmund mit dem Beinamen „wöite Hund", weil sich heißhungrige Mäuler daran allzu leicht den Mund verbrannten.
„Die dicksten Erdepfl" – so hieß und heißt es – erntet der dümmste Bauer; sie behielten sich die Hausfrauen zum Reiben zurück, für „d'Glitscher" u für „d båchna Kniadla". Der beim Reiben übrig bleibende kleine Rest – „d'O(b)reiwala" wanderte auf dem Land in den Säutopf genau wie die Schalen.
Beim Erdepflbrei ersetzten die Hausfrauen das abgegossene Wasser mit Milch, setzten etwas Muskat und Salz hinzu, reichten als

Beigabe Bratwürstchen oder „Karwanadln". Den Erdepflbrei bedachten wir Kinder mit Liedeln und Sprücheln, so sangen wir:

„Dou uabma am Bergla, dou stäiht a ålt's Wei(b;
döi quiklt u quåcklt, kocht Erdepflbrei"...

oder:

„Erdepflbrei kocht ma(n Wei(b –
springt da Vota mi(t)n Pautschn ei(n!"

Ein mißlungener, ein zu dick geratener Erdepflbrei brachte die findigen Frauen keinesfalls in Verlegenheit, sie bereiteten daraus den „Sterz". Aus der Masse wurde mit einem Löffel „Eier" ausgestochen, in zerlassener Butter noch einmal erwärmt und zuletzt mit Zucker und Zimt bestreut. Vornehmlich Preißelbeeren als Zugabe machten den „Sterz" zum Genuß.

Genau wie früher gibt es heute frühe, mittelfrühe und späte Kartoffeln, längliche und runde, geschmacklich verschiedene; wir kannten lediglich „möhlwe" u „gliasa". Die Ernte wird den Bauersleuten heute mit modernen Maschinen erleichtert. Der Handel bemächtigt sich in verstärktem Maße der Knollenfrüchte, verarbeitet sie zu „Fritten" zu „Chips", zu „Kroketten" und Knödeln. Die Kartoffeln – d'Erdepfl – bleiben, wenn auch in veränderter Form, unentbehrliches Nahrungsmittel.

Trautl Irgang